KB235643

부동산이 가장 빠르다

장용석의 머니재테크

부동산이 가장 빠르다

장용석 지음

이코노믹북스

장용석의 머니재테크, 부동산이 가장 빠르다

초판 1쇄 발행 | 2014년 1월 15일
초판 4쇄 발행 | 2018년 2월 8일

지은이 | 장용석
펴낸이 | 최화숙
펴낸곳 | 이코노믹북스
주소 | 서울시 마포구 서교동 377-13 성은빌딩 301호
전화 | (02)335-7353~4
팩스 | (02)325-4305
이메일 | pub95@hanmail.net, pub95@naver.com
출판등록 | 1997년 2월 22일 (제10-104호)

ISBN 978-89-5775-155-8 13320

요즘 얼어붙어 있는 부동산 시장의 활성화를 위한 정책이 빈번하게 나오고 있다. 그럼에도 불구하고 투자심리가 쉽게 살아나지 않는 듯하다.

이제 대충 투자만 해놓으면 가치가 올라가는 시대는 이미 지났다. 하우스푸어(House Poor)니, 렌트푸어(Rent Poor)니로 고통을 받는 사람이 늘어나고 있고 부동산정책이 온 국민의 핵심 이슈가 되어 버렸다.

실수요든 투자든 부동산 투자를 재미로 하는 사람은 없다. 필자는 그동안 부동산 투자자들이 투자에 앞서 공부가 절실함을 느끼면서도 쉽게 접근하지 못하는 경우를 많이 보아왔다. 부동산 용어나 법률 자체가 어렵기 때문이다. 그렇다고 해서 마냥 피하기만 한다면 더욱 두려울 수밖에 없다.

사실 부동산은 그렇게 어려운 것이 아니다. 현상을 이해하면서 접근한다면 쉽게 체득할 수 있는 게 부동산이다. '돌다리도 두들겨 보고 건넌다'는 가벼운 마음으로 부동산에 접근하다 보면 자신도 모르는 사이에 고수의 길을 걷고 있을 것으로 믿는다.

사실 필자도 처음에는 부동산에 문외한이었다. 대학 졸업 후 취업한 무역회사 그리고 승승장구하던 수입차 딜러 때, 우연찮게 부동산 회사로부터 스카우트 제의를 받으면서 부동산과 연을 맺었다. 물론 결과부터 얘기하자면 '쓰라린 인생의 고배'를 맛봤다.

그 당시 짧은 사회생활에 비해 적지 않은 돈을 벌어 가지고 있었는데 그 전 재산을 잘 알지도 못하는 사업에 투자했다 실패한 후 방황을 많이 했다. 3년간 말도 되지 않는 환경의 고시원 생활도 했다. 그러면서 나이도 먹어가고 현실적으로 '그 길이 아니다'고 느끼면서 무엇을 해야 할지 고민을 많이 했다. 잠깐이나마 연을 맺은 방송생활을 한 것도 이때였다.

20대 초반에 막연히 꿈꿔왔던 연예인이 되려고 생각하던 중 'KBS 개그사냥'이라는 프로그램에 신인 개그맨을 뽑는다는 공고를 보고 늦은 30대에 실행에 옮겼다. 오디션을 보기 위해 개그맨 지망생 카페에 가입해 팀을 짜기 시작했고 계속되는 탈락의 고배를 맛봤다.

일주일에 한 번씩 있었던 오디션에 매번 참가해 떨어지다가 1년여가 다 되어갈 무렵 담당PD가 지금 개콘에서 잘나가는 김대성과 팀을 짜주며 같이 해 보라는 제의를 받았다.

그렇게 해 1년여 만에 개그사냥 오디션에 합격했고 양상국 · 송준근 · 김준현 · 박성광 · 박영진 · 김지민 등의 개그맨들과 방송을 했다. 그러나 그것도 잠시, 운동하다 허리를 다쳐 3번 정도 출연하다 치료받는 중간에 프로그램은 없어졌다. 그리고 늦은 나이에 시작한 연예계 환경은 너무나도 나에게 높은 벽이었다.

이후 부동산의 길을 다시 걷기 시작했다. 부동산업도 다양하다. 빌딩중개, 상가중개, 토지중개, 전월 · 세, 너무나 광범위하고 어떻게 해야 될

지 몰랐다. 그때 다른 사람들이 해주는 얘기만 믿고 그게 전부라고 생각하지 말고 직접 현장 경험을 많이 해 보자고 다짐했다. 그리고 사람들이 어렵게 생각하지만 큰 수익을 가져다주는 토지를 선택했다.

토지 중개하는 회사에서 일하면서 약간의 목돈을 만들었다. 그러면서 틈틈이 전국에 개발 이슈가 있는 지역을 일주일에 6일 정도 그야말로 내 집보다 더 많이 드나들었다. 답사를 다니며 지역적 특성을 공부하기 시작했고 현장 실무를 많이 배웠었다.

그리고 RTN부동산경제TV, MBN머니, 머니투데이, 토마토TV, 아시아경제팍스TV에 출연하면서 더욱더 심도있는 공부를 하게 되면서 부동산 전문가로 활동하게 되었다.

부동산 가격을 예측하고 투자시기를 결정하기 위해서는 정부의 정책, 예산반영 가능성, 국내외 경제 변화, 트렌드, 수요자의 심리 등 많은 분석이 필요하다. 어느 한 면만 보고 투자하면 실패할 확률이 높다. 반면 종합적인 분석을 통해 시기를 결정하고 투자한다면 투자수익률은 기대 이상의 효과를 얻을 수 있다.

필자의 경험상 부동산 투자의 성패는 정보와 함께 미래가치 분석 능력이다. 미래가치 분석은 단순한 통계자료만 가지고 판단할 수 없다. 지역적 특성, 상주인구, 유동인구, 교통여건, 입지 등 종합적인 분석과 함께 트렌드의 변화를 예측할 수 있어야 한다.

옛말에 '적을 알고 나를 알면 백전백승'이라는 말이 있다. 부동산 투자도 마찬가지다. 손해를 보지 않으려면 위험요소를 미리 알고 이에 대비해야 한다. 실제 부동산 투자자들 중에는 미리 준비하고 철저하게 분석한 사람이 투자에 성공한 사례가 많다.

부동산 투자는 특히 아파트나 상가, 토지 등 투자종목 선정이 중요하다. 투자자들이 열심히 분석하고 정보를 쫓아다니는 것도 따지고 보면 투자가치가 높은 종목을 고르기 위해서다. 이러한 종목은 철저한 분석을 통해서만 고를 수 있다. 부동산 분석은 판단만 가지고는 되지 않는다. 부지런히 발품을 팔아야 투자성공 확률을 높일 수 있다.

필자는 그동안 나름 산전수전을 겪으면서 지금은 '장대장부동산연구소'라는 회사를 운영하고 있다. 아울러 아시아경제팍스TV 부동산방송 전문위원으로, 신문 칼럼니스트로 활동하고 있다. 대한민국에서 아무도 성공하지 못한 부동산 프랜차이즈 사업도 꿈꾸고 있다.

사실 처음에는 부동산업에 와서 상처만 받고 재미도 없었다. 하지만 지금은 부동산이 재미있고 직업에 대해서 더 이상 고민을 하지 않는다는 자체만으로도 감사하게 생각한다. 아울러 내 자신이 하고 싶어서 선택한 길도 아닌데 정말 먹고 살기 위해서 선택한 직업이 정말 좋은 직업이라고 만족하며 살아가게 되었다는 사실에 감사하게 생각한다.

또한 한 번에 억대의 돈을 벌어보기도 해 이 직업에 대한 매력은 정말 크다. 그래서 대한민국 재테크 중에서 부동산이 가장 빠르게 부를 가져다준다고 생각해 책 제목도 그렇게 지었다.

'항상 다른 사람들이 나를 알아주는 사람이 되기 전까지는 기다리지 말고 직접 찾아다니는 스타일'인 필자의 도전은 지금도 계속되고 있다.

그동안 필자는 부동산 전문가로 활동하면서 성공할 수 있는 노하우들을 현장에서 익히고 거듭 확인해 왔다. 이제는 그러한 노하우들을 독자들에게 공개하려고 한다. 부동산 투자로 성공할 수 있는 방법은 다양하기 때문에 그동안 현장에서 경험했던 실전 사례를 통해 독자들에게 쉽게 이해시키고자 이렇게 실전사례집을 출간하게 되었다.

부족한 감이 있지만 아무쪼록 독자들께서는 이 책을 통해 자기 몸에 맞는 부동산 투자의 방법을 찾아내고 성공의 짜릿함을 맛보길 바라마지 않는다. 그리고 일평생 자식밖에 모르고 살아오신 어머니와 아버지, 가족들에게 이 책을 바친다.

2014년
서울 강남에서 장용석

목차

제1장

돈맥!
꽁꽁 숨겨뒀던
실전 스토리

충남 서산시에서 금맥을 찾다

화창한 봄날, 정년을 앞둔 공무원이라고 자신을 소개한 K씨가 필자를 찾아왔다. 그는 최근 몇 달 사이, 부동산 재테크 관련 강의를 쫓아다녔다고 한다. 그러다가 TV를 통해 부동산 강의를 하던 필자를 본 후 부동산 재테크에 본격적으로 관심을 갖게 됐다고 고백했다.

공무원 생활을 하면서 다른 생각을 하지 않은 덕에 저축으로 모은 종자돈이 그래도 꽤 된다는 K씨. 그가 필자를 찾아온 이유는 투자가치가 높은 땅을 소개해 달라는 것이었다.

마침 상황이 좋았다. 당시 필자는 전국을 누비며 개발 가능성이 높은 지역의 호재를 입수해 매물을 찾아 발굴하고 있었다. 이에 따라 수집해 놓은 매물이 제법 많았고 적절한 투자자를 기다리고 있던 시기였다.

그 중 가장 적합하다고 생각한 곳이 바로 충남 서산 일대였다. 이곳은 평택이나 당진에 비해 아직 저평가가 되어 있는 곳으로 필자가 주목하고 있던 곳이었다.

예컨대 충남 유일의 국가항인 대산항, '서해안권 발전종합계획'에 의한 대산항 확충, 국가지원지방도 70호선, 국도 29, 32호선 확·포장 등

사회간접자본 교통망 확충을 통해 교통과 물류 중심도시로 변해 기업의 이전이 가속화된다는 것 등이 그것이다.

무엇보다 주목한 것은 이로 인해 지곡면 120만 평과 성연면 60만 평 등을 포함해 약 200만 평 규모의 산업단지가 개발돼 비약적인 발전을 기대할 수 있다는 점이었다.

여기에 이 같은 산업단지 형성에 따른 인구유입과 각종 생활 인프라 구축도 호재로 작용할 수 있는 메리트가 될 것으로 예상했다. 필자는 서산시의 무궁무진한 성장성이 조만간 부동산 시장에 그대로 반영될 것이라고 확신했다.

이러한 호재를 바탕으로 의뢰인의 투자 성향과 투자 규모에 적합한 곳을 고민해서 추천했다. 이곳은 수차례에 걸쳐 눈여겨본 지역이었다.

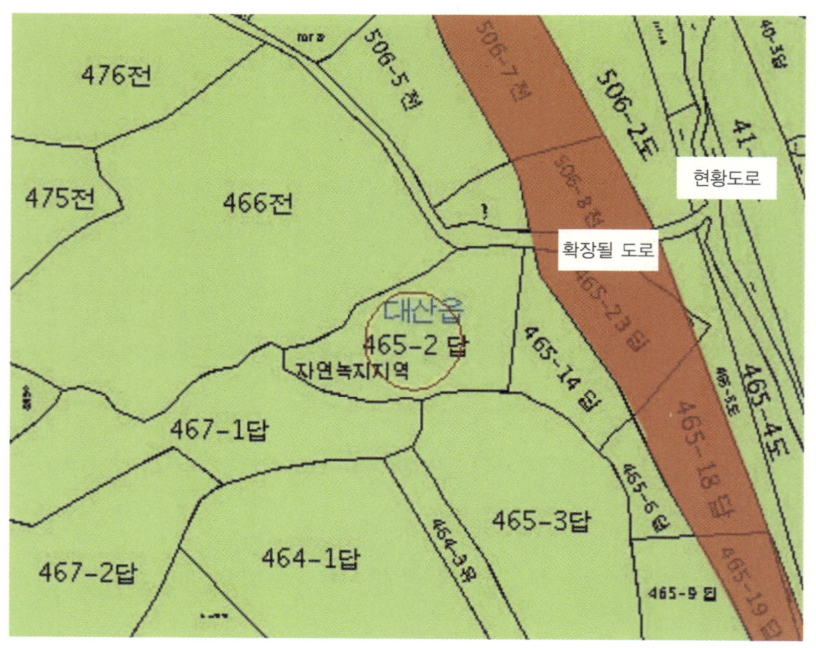

〈충남 서산시 대산읍 토지이용계획확인서.
해당 토지 앞까지 도로 확장을 위해 국가에서 사들인 토지〉

국유지에 접해 있는 이곳은 수년 전부터 매물 바로 앞까지 4차선 도로가 들어온다는 정보를 여러 번 확인한 차였다.

토지 바로 앞까지 도로가 확장되게 되면 토지의 가치는 급상승하게 된다. K씨는 주변시세보다 훨씬 저렴하게 토지를 매입했다. 매입 과정에서 여러 채널을 통해 땅 주인이 자금 압박을 받고 있어 급매물로 싸게 처분하려 한다는 정보를 필자가 투자자에게 알려준 덕분이다.

등기부등본을 재차 확인해 지번과 지목, 면적 소재지 등의 사항과 가압류나 가등기 등의 소유권 사항, 그리고 근저당권설정 등 소유권 외 사항까지 꼼꼼하게 체크하는 것은 투자전문가가 의뢰인을 위해 끝까지 확인해야 하는 몫이다.

토지투자 전문가는 개발을 앞둔 땅을 발굴해 내는 감각도 중요하지만 개발에 앞서 매물을 저렴하게 매입하는 투자타이밍도 정확해야 한다.

오랜 실전 경력을 갖고 있어도 이 같은 타이밍을 가늠할 수 있는 감을

등기사항전부증명서(말소사항 포함) - 토지

[토지] 충청남도 서산시 대산읍 _______   고유번호 1614-2009-001162

【 표　　제　　부 】　（ 토지의 표시 ）

표시번호	접　수	소　재　지　번	지　목	면　적	등기원인 및 기타사항
1	2009년4월1일	충청남도 서산시 대산읍 _______	답	378㎡	분할로 인하여 충청남도 서산시 대산읍 _______에서 이기 대위자 국 　관리청 국토해양부 대위원인 2009년 3월 31일 공공용지 협의취득에 의한 소유권이전등기청구권

【 갑　　　구 】　（ 소유권에 관한 사항 ）

순위번호	등 기 목 적	접　　수	등 기 원 인	권 리 자 및 기 타 사 항
1 (전 3)	공유자전원지분전부이전	2004년3월25일 제15606호	2004년3월22일 공유물 분할	소유자 _______ 630315-1****** 익산시 _______ 분할로 인하여 순위 제1번 등기를 충청남도 서산시 대산읍 _______에서 전사 접수 2009년4월1일 　　제10815호
2	소유권이전	2009년4월1일 제10816호	2009년3월31일 공공용지의 협의 취득	소유자 국 　관리청 국토해양부 232

〈해당 토지 앞까지 국가에서 매수해 도로 확장을 예상할 수 있는 등기부등본〉

보유하기란 쉽지 않다. 이처럼 발 빠른 정보력에 매물 분석력까지 뒷받침되다 보니 각종 호재가 공공연히 알려지기 한참 전에 미래 가치가 녹아 있는 매물을 선점하게 됐다.

해당 지역은 중국의 수출입 의존도가 높아가고 있는 상황에서 대산항의 시설 확충으로 많은 기업들이 이전하는 호재로 날개짓을 하며 더 높은 시세를 구가하게 됐다.

경북 김천시에서 금맥을 찾다

임대아파트는 서민들의 주거안정이 제일 큰 목적이다. 그만큼 문턱이 낮아 일반 아파트보다 가격이 저렴하게 공급된다.

5년간의 임대기간 만료 후 현재 거주 중인 무주택 임차인에게 우선 분양을 한 다음 남은 물량을 일반인에게 분양한다. 투자전문가 시각에서 볼 때 이처럼 분양전환되는 시점부터 임대아파트도 투자 개념으로 바뀔 수 있다.

임대주택 분양전환 가격 산정기준은 임대주택법 제2조, 제21조 9항에서 규정하고 있으며 주변시세보다 상당히 저렴하다. 하지만 아파트란 결국 주변시세에 민감하며 또한 따라가게 돼 있다. 단지 시간이 어느 정도 소요되느냐의 차이만 다를 뿐이다.

필자의 고객 중에는 개인 사업에 공을 들여 성공한 사람들이 많다. 자수성가한 만큼 자신의 투자 스타일에 확신을 갖고 있는 것은 물론 너무 신중하다 못해 깐깐한 사람도 있다.

대표적인 사람이 고위 공무원 출신인 K씨다. 그런데 이러한 그가 필자의 단 한 번 추천에 투자를 선택한 매물이 있으니 다름 아닌 분양전환 임

〈김천아파트 전경〉

대아파트다.

필자는 K씨에게 분양전환 임대아파트를 소개하기 직전 투자 대기 수요가 높은 좋은 매물 여럿을 보여줬다. 대표적으로 서울과 수도권에서 각광을 받고 있는 매물들이다.

특히 정부 청사 이전으로 황금알에 비유되는 세종시에 위치한 매물도 있었다. 그러나 이 모든 것을 마다했던 K씨에게 경북 김천시에 위치한 임대아파트를 보여주자 망설임 없이 투자했다.

그가 선택한 매물을 살펴보면 8층~15층짜리 건물 7개동 총 1000세대가 조금 넘는 임대아파트로 내부는 12평, 16평, 22평형 구조로 돼 있다.

김천시는 혁신도시로 한국도로공사를 비롯해 국가 산하 공기업과 행정기관 등 약 12개의 공공기관이 들어선다. 5000명이 넘는 공무원의 이

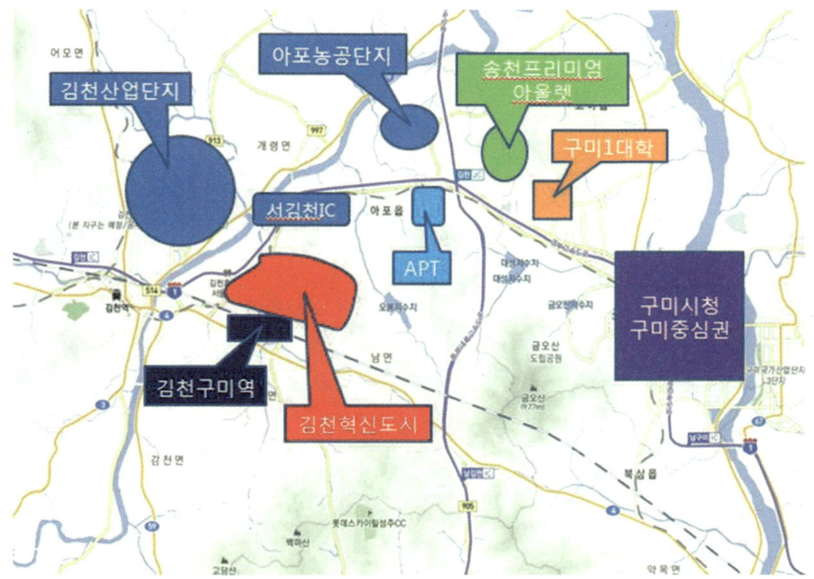

〈김천아파트 주변 분포도〉

동에 따른 시너지 효과도 만만치 않다.

3만 명에 가까운 인구가 유입되며 1만여 개의 일자리 창출로 연간 1조 원 규모의 생산유발 효과가 예상됐다. 여기에 김천1, 2, 3산업단지만 하더라도 140만여 평에 국내 최대 자동차 부품생산 업체와 아포농공단지 등이 입주한다.

대전시나 세종시와의 거리는 자동차로 20~30분 내에 이동이 가능한 위치다. 서울에서 고속열차를 이용할 경우에는 1시간 20분 정도 소요된다.

혁신도시 조성이 어느 정도 완료되어도 주거 시설에 대한 공급이 수요에 비해 부족하기 때문에 임대가가 상승할 것이고 특히 주변에 1~2인 수요를 수용할 수 있는 아파트 경쟁 매물이 없다는 점이 가장 큰 투자 포

〈김천 혁신도시 이전 현장〉

인트다.

필자는 이러한 배경을 바탕으로 고객인 K씨에게 12평형을 추천했다. 그는 25채를 매입했다. 매매가는 3900만 원과 4100만 원 수준에서 형성돼 있고 전세가는 2500만 원 수준이었다.

3.3㎡당 300만 원 선으로 주변 APT 평당 600만 원의 절반 시세로 취득했다.

3년 거치(이자만 납입)의 국민주택기금 1700만 원에 월 이자 7만3600원으로 보증금 500만 원에 월세 수입이 1채당 20만 원이라고 계산하면 실 투자금은 1700만 원에서 1900만 원으로 약 8~9%의 수익률을 올리는 것이다.

실제 수령하는 월세는 이보다 5만 원 정도가 더 많은 경우도 있어 월세를 통한 수익률은 10%를 훌쩍 넘는다. 여기에 단기적인 시세차익을 노린다면 월세가 아닌 전세를 고려해도 괜찮다.

24

K씨의 사례처럼 혁신도시 조성으로 인한 공급부족 상황이라는 지역적 특색을 고려한다면 임대아파트 투자도 높은 투자수익을 안겨주는 황금알이 될 수 있다.

경쟁 매물을 살피고 지역적 특색을 고려한 임대아파트 투자도 높은 수익을 낼 수 있다. 혁신도시 조성 완료 후에도 공급부족에 따른 임대 및 매매가 상승을 노릴 수 있다.

경기도 여주시에서 금맥을 찾다

필자의 강의를 듣던 학생 가운데 개인 사업을 하는 L씨가 있었다. 그는 서울에서도 제법 안정된 회사를 운영하는 중소기업 CEO이었다.

지인의 소개로 경기도 여주시 일대 강가 옆 토지를 매입하게 된 L씨는 매입과 동시에 집을 지으려고 했다. 하지만 관할 지방자치단체의 건축 제한에 부딪치게 됐다.

지방자치단체가 제한하고 있는 내용은 해당 지역이 다름 아닌 '수질보전특별대책1권역' 지역이라는 것이었다.

그는 필자에게 현장 방문을 의뢰하면서 어떻게 해야 할지 난감한 상황을 토로했다. 의뢰를 받은 후 곧바로 그와 함께 현장을 방문하고 곧이어 토지대장을 확인했다.

토지대장 내용을 확인한 결과 그가 매입한 토지는 1990년 7월 20일 이후 분할된 땅이었다. 해당 지역에 건축물을 짓기 위해서는 여러 가지 제한이 따르게 된다. 그중 하나가 바로 필지분할 시점에 따른 건축제한이다.

수질보전특별대책1권역 내 지역(하수처리구역 외 지역)에서는 필지분할 시점이 언제냐에 따라 건축제한이 주어진다.

크게는 1990년 7월 20일 이전과 이후로 나뉜다. 공통적으로는 세대주나 세대원 모두가 최소 6개월 이전에 이곳에 살고 있었다는 증거(주민등록상 주소지)를 제시해야 한다.

그러나 L씨처럼 사업을 하거나 회사에 얽매여 있는 사람들은 주소지를 6개월 전에 해당지역으로 이전하기가 쉽지 않다. 또 해당 토지를 매입하기 직전, 전문가를 통해 조언을 구했다면 당장 집을 지을 수 없는 난처한 상황에 직면하지 않아도 됐을 것이다.

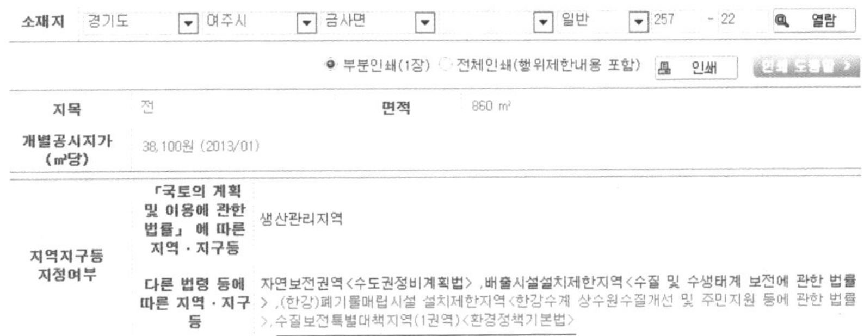

〈경기도 여주시 금사면. 수질보전대책1권역임을 확인할 수 있는 토지이용계획확인서〉

사실 L씨와 같은 사례는 종종 발생하고 있다. 최근 집을 짓기 위해 많이 선호하는 입지가 바로 강을 끼거나 물이 있는 주변 땅이다.

L씨의 지인은 그에게 입지적인 요건만 충족시켜 줄 수 있는 땅을 소개했을 뿐 정작 건축제한이 따른다는 사실을 제대로 알지 못한 채 토지매입을 알선한 것이다. 대부분 강을 끼고 있거나 인접한 위치의 토지는 대부분 수질특별대책지역에 포함된다.

때문에 토지대장을 꼼꼼히 확인해 보거나 이도 어렵다면 처음부터 아예 전문가의 조언을 구해야 난처한 상황을 미연에 방지할 수 있다. 토지투자뿐만 아니라 부동산과 관련된 모든 투자에서 전문가의 조언을 사전에 듣는 것은 기본 중에 기본이다. 그의 경우 상황에 맞닥뜨리게 된 후 전문가를 찾은 케이스다.

사실 수질보전특별대책지역은 여러 가지 제한이 많이 따른다. 우선

토 1344-6573-6074-7077			도지 대장	
4173034036 - 10257 - 0022			도면번호	12
경기도 여주군 금사면 ■■■			장 번 호	1-1
257-22	축 척	1:1200	비 고	

토 지 표 시		변 동 일 자	
면 적(㎡)	사 유	변 동 원 인	
860	(21)2012년06월11일 257-9번에서 분할	2010년 11월 05일	경기도
		(03)소유권이전	안영석
		2010년 12월 28일	경기도
	--- 이하 여백 ---	(04)주소변경	안영석
		2012년 06월 20일	서울특
		(03)소유권이전	최희선
			--- 이

〈분할 시점에 따라 건축제한을 확인할 수 있는 토지대장〉

〈여주시 금사면 전원주택부지〉

〈여주시 전원주택〉

해당 지역 내 하수처리구역 외 지역에서는 필지분할 시점이 언제인지에 따라 보전관리지역, 생산관리지역, 농림지역에서 건폐율 및 용적률 그리고 건축할 수 있는 건축물에 제한이 적용된다.

특별대책지역 지정 이전(1990년 7월 19일) 원필지 또는 필지분할된 토지의 숙박업과 식품접객업은 건축연면적 400㎡ 미만, 그리고 일반건축물은 800㎡ 이하일 때만 1권역 건축허가를 받을 수 있다.

거주제한이나 용도제한은 별도로 없다. 1997년 10월 1일 이후 필지분할된 토지는 건축물 용도제한이 있다. 특히 관리지역 중 생산, 보전관리지역에서는 주거목적의 단독주택(1세대당 1개동)과 지역주민의 공공복리시설만 입지할 수 있으며 숙박시설이나 식품적객시설, 아파트나 연립·다세대주택의 경우 건축이 허용되지 않는다.

건폐율과 용적률은 각각 30%와 60% 이하다. 농림지역에서도 지역주민의 공공복리시설이 아니면 입지 허용이 되지 않는다.

충남 천안시에서 금맥을 찾다

빌딩이나 상가에 투자하는 투자자들은 일반적으로 두 마리 토끼를 노리고 뛰어든다. 하나는 은행이자보다 높은 임대료 수익이다. 다른 하나는 건물의 가치를 올려 매매가를 상승시키는 것이다.

그런데 이 두 가지 목적을 해결할 수 있는 최고의 방법이 있다. 바로 경매다. 수익률이나 향후 미래 가치가 상승할 여력을 지닌 물건을 낙찰 받을 수 있다면 경매투자를 통한 최고의 수혜자가 되는 셈이다.

필자의 소개로 투자를 결심한 고객 가운데 이 같은 행운을 거머쥔 경우도 있다. 그는 실투자금 3억 원으로 경매에 뛰어들어 불과 1년 만에 40억 원 이상 가는 건물로 만들어 현재는 주위 자산가들로부터 매매 제안을 꾸준히 받고 있다.

그가 낙찰받은 물건은 천안시에 위치한 총면적 2697.61㎡(816평)에 토지면적 774㎡(234평) 규모의 6층짜리 근린상가로 초기 감정가는 30억 6700만 원이었다. 두 번의 유찰로 경매가가는 19억4000만 원까지 떨어졌고 결국 17억9700만 원에 낙찰받았다.

취득세와 인테리어 등 각종 부대비용 포함해 필자의 고객이 건물을 낙찰받는 과정까지 투자한 금액은 총 6억 원 정도였다. 실투자금은 3억 5000만 원 수준이었다. 기타 소유권 이전에 따른 나머지 자금은 은행대출 등 다른 방법으로 충당했다.

낙찰 후 상가에 입점할 업체도 필자와 함께 낙찰자 당사자가 직접 챙겼다. 기존에 있던 1층 마트는 그대로 두고 2층은 낙찰자 본인이 샤브샤브뷔페 프랜차이즈를 직접 운영하고 있다. 이밖에 다른 층들은 인기 업종 위주로 새 임차인을 받아 공실률을 줄였다.

이 같은 전략을 통해 자연스럽게 건물의 가치를 상승시킨 덕분에 얼마 전부터는 건물을 아예 매입하겠다는 사람들이 나오기 시작했다. 그들이 제시한 금액은 40억 원 수준으로 낙찰 후 불과 1년 정도 지났을 뿐이다.

필자가 고객에게 상가 경매를 추천한 것은 매물에 대한 확실한 분석이 이뤄졌기 때문이다. 낙찰 후에도 안정적인 수익을 얻을 수 있어야 한다는 근린상가만의 장점이 갖춰졌는지 또 주변 상가들과의 경쟁에서 입점 업체들이 살아남을 수 있는지에 대한 상권 분석까지 꼼꼼히 챙겼다.

근린상가는 경기 변동에도 둔감해 안정적인 수익을 올릴 수 있다는 것에 큰 장점이 있지만 불확실한 시대에는 확실한 분석이 뒷받침되어야 하는 것은 당연하다는 투자 지론이 필요하다.

소 재 지	충남 천안시 ~~동남구 신방동 71-02~03~~ [일괄]-28,		도로명주소		
경 매 구 분	임의(기일)	채 권 자	~~대전충남양돈축협~~	낙 찰 일 시	12.09.11 (종결:12.11.15)
용 도	근린상가	채무/소유자	~~박일선/박일선외~~	낙 찰 가 격	1,940,550,000
감 정 가	3,067,738,440	청 구 액	1,797,286,695	경매개시일	11.10.31
최 저 가	1,503,192,000 (49%)	토지총면적	774 ㎡ (234.14평)	배당종기일	12.02.10
입찰보증금	10% (150,319,200)	건물총면적	2697.61 ㎡ (816.03평)	조 회 수 조회통계	금일1 공고후127 누적473

〈충남 천안시 경매자료〉

〈매물로 나온 천안시 소재 빌딩 전경〉

평균적으로 고가의 근린상가는 서울 강남의 경우 수익률 5%대를 유지하다 요즘 들어 4%대로 낮아졌다. 서울 강북의 경우 5~6%, 경기도권은 6%대, 지방은 6~7%대를 기준으로 매매금액을 산정하면 양호하다고 볼 수 있다.

임대료도 고려해야 하며 해당 지역의 상주인구와 유동인구까지 파악하면 더욱 좋다. 주변이 아파트 단지라면 1000가구 이상 되는 지역이면 좋은 조건이 된다.

그렇다고 너무 큰 단지에 위치해 있다면 주변 상가와의 경쟁이 불가피하기 때문에 이를 피할 수 있을지에 대한 여부도 따져 봐야 한다.

상가나 사무실 일부를 주거용으로 개조해 살고 있다면 주택임대차보호법 적용으로 세입자 여부에 대한 부분도 점검사항이다.

경매 처분된 근린상가 입주 세입자의 경우 대부분 권리금이나 보증금을 떼이는 사례가 많다. 때문에 명도 이전 과정에서 저항이 심하기도 하다. 이는 입찰할 때 참고할 사항이기도 하다.

　여기서 무엇보다 중요한 것은 경매전문가와 충분한 상담을 통해 입찰에 참여하는 것이 가장 바람직하다는 점이다. 이는 백번 강조해도 모자람이 없다.

　평균적으로 고가의 근린상가는 서울 강남의 경우 수익률 5%대를 유지하다 요즘 들어 4%대로 낮아졌다. 서울 강북의 경우 5~6%, 경기도권은 6%대, 지방은 6~7%대를 기준으로 매매금액을 산정하면 양호하다고 볼 수 있다.

남양주 화도읍에서 금맥을 찾다

토지투자 관점에서 용도지역 농림지역은 미운 오리새끼와 같은 존재다. 여러 모로 용도와 규제에 영향을 많이 받아 땅의 쓰임새가 낮기 때문이다. 그러나 투자가치가 상승할 때 덩달아 영향을 받을 경우 백조가 될 수 있다.

사실 남들이 잘 쳐다보지 않는 투자처가 도리어 큰 수익을 내는 경우가 적지 않다. 수년 전 남양주 화도읍에 위치한 농림지역이 바로 그곳이다. 당시 매물은 경춘로와 인접해 있는 토지로 일반인이나 업자들도 별로 쓸모없는 땅이라는 인식이 강해 거래가 많지 않았다.

그렇지만 필자의 생각은 달랐다. 매물 일대가 주말이면 많은 차들이 오가는 경춘 국도에 인접해 있는 상황이라 머지않아 계획관리지역으로 바뀌게 될 것이라고 예상했다.

이 같은 확신이 현실이 되어 바뀌는 데에는 그리 오래 걸리지 않았다. 필자가 주목한 농림지역 토지 주변 계획관리지역에 공장들이 하나 둘씩 들어서기 시작하면서 해당 지방자치단체가 주민들로부터 개발 압력을 받게 됐다.

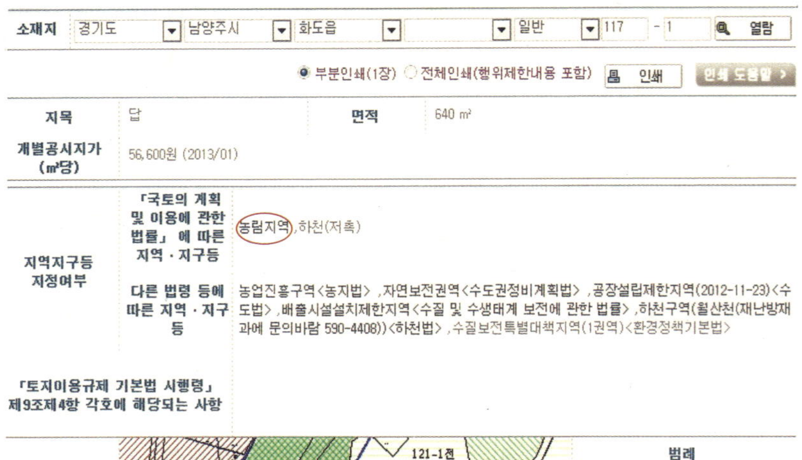

소재지	경기도 ▼ 남양주시 ▼ 화도읍 ▼	▼ 일반 ▼ 117 - 1	🔍 열람

● 부분인쇄(1장)　○ 전체인쇄(행위제한내용 포함)　🖶 인쇄　**인쇄 도움말 >**

지목	답	면적	640 ㎡
개별공시지가 (㎡당)	56,600원 (2013/01)		

지역지구등 지정여부	「국토의 계획 및 이용에 관한 법률」에 따른 지역·지구등	농림지역 ,하천(저촉)
	다른 법령 등에 따른 지역·지구 등	농업진흥구역〈농지법〉,자연보전권역〈수도권정비계획법〉,공장설립제한지역(2012-11-23)〈수도법〉,배출시설설치제한지역〈수질 및 수생태계 보전에 관한 법률〉,하천구역(월산천(재난방재과에 문의바람 590-4408))〈하천법〉,수질보전특별대책지역(1권역)〈환경정책기본법〉
「토지이용규제 기본법 시행령」 제9조제4항 각호에 해당되는 사항		

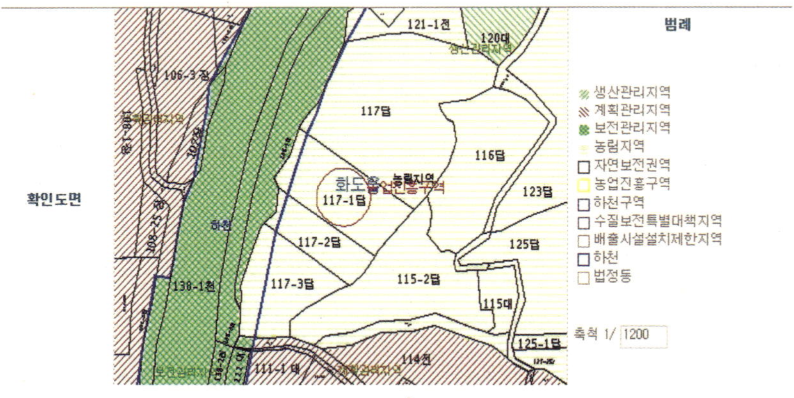

〈남양주시 화도읍 용도지역이 농림지역임을 확인할 수 있는 토지이용계획확인서〉

　결국 계획관리지역이 부족하자 인접한 농림지역을 계획관리지역으로 풀어주기 시작했다. 당시 주변 계획관리지역의 시세는 3.3㎡당 150만 원이었지만 농림지역 시세는 3분의 1인 60만 원 수준이었다.

　필자의 자문을 받았던 의뢰인도 계획관리지역을 투자처로 생각하고 있었던 사람들 가운데 한 명이었다. 그러나 계획관리지역의 매물이 마땅치 않아 일대를 계속 돌다가 필자를 만나게 됐다.

　필자는 그와 우연찮게 만난 인연으로 당시 그에게 2년, 늦어도 3년 안

〈매물 주변으로 공장들이 들어서 개발의 압력을 받고 있는 현장 위성사진〉

에는 계획관리지역의 팽창으로 개발 압력을 받게 되니 인접한 농림지역 토지를 저렴하게 매수하라는 자문을 했다.

필자를 믿었던 그는 농림지역 토지를 3.3㎡당 60만 원에 사들였고, 약 2년 후 그가 매입한 농림지역은 계획관리지역으로 용도 상향되어 그 사이 3배의 시세차익을 거두게 됐다.

그의 표현에 따르면 3.3㎡당 60만 원에 매입한 미운 오리새끼가 약 2년 만에 150만 원 이상 하는 멋진 백조가 된 것이다.

3억 원만 투자했다고 계산해도 2년 만에 9억 원 가량의 금싸라기 땅으로 변한 셈이다. 필자의 투자방식에 고개를 갸우뚱했던 저명한 부동산

<남양주 화도읍. 주변 공장들이 들어서 개발의 압력을 받고 있다는 걸 확인할 수 있는 환경>

투자자도 적잖게 놀랐다는 사실을 토로하기도 했다.

　해당 사례는 농림지역이 계획관리지역으로 변경될 수 있다는 것조차 잘 모르는 투자자들이 많다는 것을 단적으로 보여주고 있다. 당시 해당 지역에 토지 매물을 소개하는 현지 부동산 사무실들도 대부분 땅값이 올라 있는 계획관리지역에 대한 소개만 하고 있었던 기억이 난다.

　물론 농림지역이 계획관리지역과 비교해 투자적 측면에서 당연히 가치가 떨어지는 게 사실이다. 하지만 투자라는 것은 항상 잠재적인 가치가 있는 곳에 투자를 해야 큰 시세차익을 볼 수 있다는 것을 명심해야 한다. '저비용 고효율'이라고 말할 수 있다. 비록 용도지역이 농림지역이라도 잠재적 성장관리권역에 속한다면 토지 가치 상승이 유력하다고 봐야 한다.

　포화상태인 계획관리지역 주변 농림지역도 미운 오리새끼에서 백조가 될 수 있다. 농림지역이 계획관리지역으로 용도 상향될 경우 큰 시세차익을 노릴 수 있다. 비록 농림지역이라도 잠재적 성장관리권역에 속한다면 토지가치 상승이 유력하다고 봐야 한다.

서울 대학가에서 금맥을 찾다

해외에서 대기업 지사장을 지내다 한국으로 돌아온 L씨는 1년 후 퇴직을 앞두고 있다. 한국보다 해외에서 더 많은 시간을 보내다시피 한 그는 회사를 그만 두면 제2의 인생을 외국에서 보내는 것을 고려하고 있었다.

그러나 자녀 2명 모두 아직 해외에서 유학 중이라 고정 수입을 낼 수 있는 일이 필요했다. 지인의 소개로 필자를 찾아온 L씨는 자신의 상황을 얘기하며 자녀가 학업을 마칠 때까지 안정적인 수입을 낼 수 있는 투자처가 있었으면 좋겠다고 했다.

일단 투자할 수 있는 금액과 그에게 맞는 투자수익 형태를 분석했다. 그 후 토지보다는 월세수익을 낼 수 있는 상가나 원룸 투자가 적절할 것이라는 판단에 관련 매물을 추천해줬다.

해당 매물은 서울 시내에 위치한 대학가 인근 낡은 주택부지였다. 마침 기존 집주인도 철거 후 원룸을 세울 예정이었다. 그러나 가족들이 도시보다 전원생활을 원하고 있어 매물로 내놓은 것이었다.

해당 지역은 원룸 공급이 꾸준하기 때문에 단기적인 공급이 수요를

〈서울 대학가 원룸촌〉

초과할 여지도 있다. 하지만 원룸촌으로 탈바꿈되면 지속적이고 안정적인 수요가 뒷받침된다.

특히 대학가 인근이라 학생들의 수요가 끊이지 않아 공실률이 낮은데다 대학가 특성상 1년치 월세를 한 번에 치르는 경우도 있어 안정적인 투자처라고 볼 수 있다.

주변에 L씨와 비슷하게 단독주택을 헐고 원룸을 세울 만한 부지가 더 없어 보인다는 점도 경쟁 상대가 생기지 않기 때문에 공실률 관리에 이점으로 작용할 수 있다. 게다가 인근 뉴타운 이주에 다른 수요가 늘어난다는 점도 호재로 판단했다.

그는 토지매입과 건축비 등 총 12억 원 가운데 금융대출 비용 3억 원을 제외하고 순수투자 비용으로 약 9억 원을 투자했다.

5층 규모 총 19개의 원룸을 갖춘 신축건물로 1실당 보증금 1000만 원에 월 45만 원의 고정 수입이 들어온다. 투자비용 대비 연 12% 수준의 수익을 올리게 되었다.

필자가 해당 지역을 물색할 때 가장 눈여겨본 점은 바로 주변의 수요다. L씨의 원룸 근처에는 무려 4개의 대학교가 어울려 있다. 그만큼 수요층이 두텁다는 얘기다. 때문에 건물을 매각하고 싶을 때 매도자의 수요도 받쳐주는 환금성까지 뛰어나다.

원룸 건축을 기획할 때 유념해야 할 요소에는 건축설계나 시공, 내부의 옵션 등도 매우 중요하겠지만 무엇보다 '접근성'이다. 수요가 꾸준한 학교나 교통이 편리한 것이 플러스 요인이다. 매매 또한 쉽게 되기 때문에 팔고자 마음먹었을 때 바로 처분할 수 있는 부분도 매우 중요한 요소다.

평창 봉평면에서 금맥을 찾다

평창 동계올림픽 유치가 확정되면서 인근지역은 손님 맞을 채비에 한창이다. 특히 올림픽 경기가 열리는 경기장 시설과 관광객을 수용하기 위한 숙박 및 제반 시설들이 지속적으로 건설되고 있다.

올림픽 특성상 평창군뿐만 아니라 강원도 지역 전반에 걸쳐 올림픽 특수에 대한 경제적 효과를 기대하는 분위기가 높아지고 있다.

평창은 휴가철이나 상시 주말에도 많은 숙박과 위락시설이 들어서 있었지만 동계올림픽 발표 전후의 지역 부동산은 큰 차이가 있다.

일례로 동계올림픽 유치 직전 3.3㎡당 30만 원 선에 거래되던 관리지역의 땅값은 올림픽 유치 발표 직후 바로 50~60만 원으로 호가가 형성됐다. 물론 올림픽이 다가올수록 평창의 땅값은 지속적으로 오르게 될 것이다.

평창에서 펜션 사업을 시작한 K씨는 일찍이 도시생활을 접고 이곳으로 이주한 케이스다. 평창 동계올림픽 유치가 처음으로 무산되던 때, 혹시나 하는 분위기에 상승했던 땅값은 제자리로 돌아왔다.

게다가 올림픽 유치가 2번이나 쓴 고배를 마시고 삼수를 한다는 소식이 알려지기 전까지 사람들의 관심에서 멀어졌다. 당시 필자를 찾아와 전원생활을 하고 싶다며 펜션 부지를 의뢰했던 그는 필자가 추천한 땅을 저렴한 가격에 매입해 터를 잡았다.

처음에는 전원생활을 목적으로 했다. 하지만 주말마다 간간히 찾아오는 나들이객들을 상대로 펜션과 식당영업을 하니 괜찮은 수입까지 생겼다.

게다가 시간이 흐를수록 지척에 있는 흥정계곡이 사람들에게 알려지면서 여름철뿐만 아니라 사시사철 펜션과 식당 손님이 늘어나는 호재를 맞았다.

자연히 수입도 올라갔다. 지역의 몇 안 되는 펜션과 식당도 비슷했다. 그 덕에 외지에서 펜션 사업을 하기 위한 사람들이 늘어났고 지역 땅값도 덩달아 뛰었다.

처음 K씨가 땅을 매입할 당시에는 펜션 부지까지 도로가 연결되지 못했다. 하지만 필자는 해당 부지를 눈여겨봐 왔다. 현장 답사를 여러 차례 해 보니 그곳 주민들이 오래전부터 통행료로 이용하고 있던 길이 있었다는 사실을 사전에 파악하고 있었던 것이다.

때문에 관할 지방자치단체에서 건축행위에 문제가 없다고 판단하면 조만간 진입로를 도로로 인정하고 포장해 줄 것이라고 확신했다.

필자의 예상대로 얼마 후 지방자치단체에서 직접 이곳을 포장해 진입로를 닦아줬다. 현황도로와 개발행위 허가와 관련해 건축법 제45조 제1항 제2호에 따라 주민이 장기간 통행도로 이용하고 있는 사실상의 통로로서 이해관계인의 동의를 받지 않고 위원회의 심의를 거쳐 도로로 지정할 수 있다.

확인도면

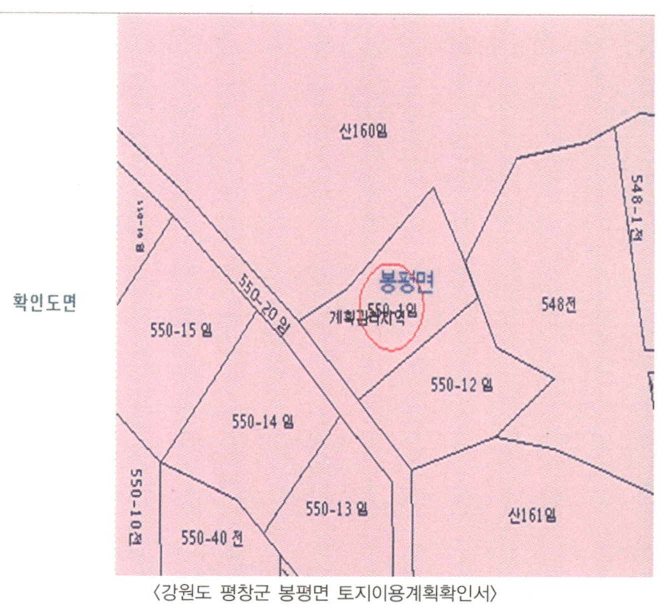

〈강원도 평창군 봉평면 토지이용계획확인서〉

〈관할 지자체에서 도로로 포장해 현황상 도로로 건축행위가 가능함을 보여주는 현장사진〉

44

K씨가 처음 이곳에 땅을 매입했을 때 3.3㎡당 25만 원이던 땅값은 동계올림픽 유치 호재에 진입 도로까지 포장돼 최근 70만 원까지 뛰었다.

그는 요즈음 더욱 바빠졌다. 올림픽 특수가 시작되기 전인데도 외국인 관광객들이 제법 눈에 띄기 시작해서다. 그래서 남은 땅을 이용해 한국적인 숙박형태의 집을 짓는 계획을 고려하고 있다. 주변의 숙박업소들이 점점 늘고 있지만 외국인들 입장에서 볼 때 고급스러운 펜션보다 한국적인 숙박 공간이 더 인기 있을 것이라는 믿음이 있어서다.

이러한 생각을 하다 보니 이제 오를 대로 오른 이곳 땅을 비싸게 사들여 너도나도 펜션 사업에 투자하는 모습을 보면 안타까운 마음이 앞선다. 벌써 올림픽 특수라는 점만 기대해 이곳에 들어왔다가 자리도 못 잡고 나간 사람들을 여럿 보아왔기 때문이다.

전북 김제시에서 금맥을 찾다

일반 투자자들이 잘 모르는 알짜배기 토지투자 사례 가운데 국유지를 활용한 투자도 있다. 국유지는 크게 두 가지로 나눌 수 있다. 국가에서 필요한 땅인 행정재산과 그렇지 않은 일반재산이다. 투자 대상은 일반적으로 개인들이 점유하고 있는 후자인 일반재산에 해당한다.

일단 시세보다 저렴하게 감정 평가된다는 점과 희소성에 대한 가치 등을 장점으로 꼽을 수 있다. 적지 않은 부분이 농지에 포함되어 국유지와 접해 있는 농지의 지주들이 점유한 곳도 많다.

이러한 상황은 경계가 애매한 곳이 많아 지주들이 농사를 짓다 농작물 관리시 보이지 않는 경계를 넘어가기 때문이다. 필자는 이 점을 연계해 국유지를 이용한 투자수익을 극대화시켰다.

필자가 의뢰인에게 추천한 곳은 바로 전북 김제시에 있는 생산관리지역 내 농지로 국유지와 인접한 곳이다.

김제시는 새만금개발사업 배후지역으로 새만금고속도로와 인입철도, 군산공항, 새만금 신항만 등이 인접해 있어 교통 인프라구축 측면에서도 전국제일의 물류수송지로 손색이 없는 곳이다.

약 5년 전에는 새만금개발사업이 3대 국정사업으로 각광을 받으며 국가식품단지 조성과 같은 지역 개발 호재들이 고개를 들기 시작했다. 식품산업EXPO, 식품물류종합지원센터 계획, 원료공급지원사업을 위한 백색·녹색혁명사업, 농식품작물 계약재배 지원사업 등 적극적이고 다양한 프로젝트가 진행되고 있었기 때문이다.

필자는 이러한 분석을 토대로 국유지와 접해 있으면서 점유를 하고 있는 지주들에게 국유지 매수청구를 권유했다. 이 같은 경우 해당 지방자치단체는 매매여부를 결정해야 한다.

국유지는 시세보다 저렴하게 감정된다. 이 점이 투자를 통해 시세차익을 볼 수 있는 포인트다. 소액 투자처로도 괜찮은 곳이다. 새만금개발사업 배후지역인 군산, 부안, 김제 일대에는 농림수산부 관리하의 국유지가 많이 있다. 누구나 발품을 팔며 지속적으로 토지 투자에 대한 노력을 기울인다면 같은 방법으로 충분히 성공사례를 만들 수 있다.

등기사항전부증명서(말소사항 포함) - 토지

[토지] 전라북도 김제시 진봉면   고유번호 2148-1996-667671

【 표 제 부 】 （ 토지의 표시 ）

표시번호	접 수	소 재 지 번	지 목	면 적	등기원인 및 기타사항
~~1~~ ~~(전 1)~~	~~1994년7월25일~~	~~전라북도 김제군 진봉면 정당리 1909~~	~~도로~~	~~2953㎡~~	
					부동산등기법 제177조의 6 제1항의 규정에 의하여 2000년 11월 10일 전산이기
2		전라북도 김제시 진봉면	도로	2953㎡	2000년11월17일 행정구역명칭변경으로 인하여 2000년11월17일 등기

【 갑 구 】 （ 소유권에 관한 사항 ）

순위번호	등 기 목 적	접 수	등 기 원 인	권 리 자 및 기 타 사 항
1 (전 1)	소유권보존	1994년7월25일 제19684호		소유자 국 관리청 농림수산부 229
				부동산등기법 제177조의 6 제1항의 규정에 의하여 2000년 11월 10일 전산이기

〈전북 김제시. 국유지라는 것을 확인할 수 있는 등기부등본〉

〈전북 김제시 해당 토지에 접해 있는 국유지를 소유주가 점유해 농사를 짓고 있는 현장사진〉

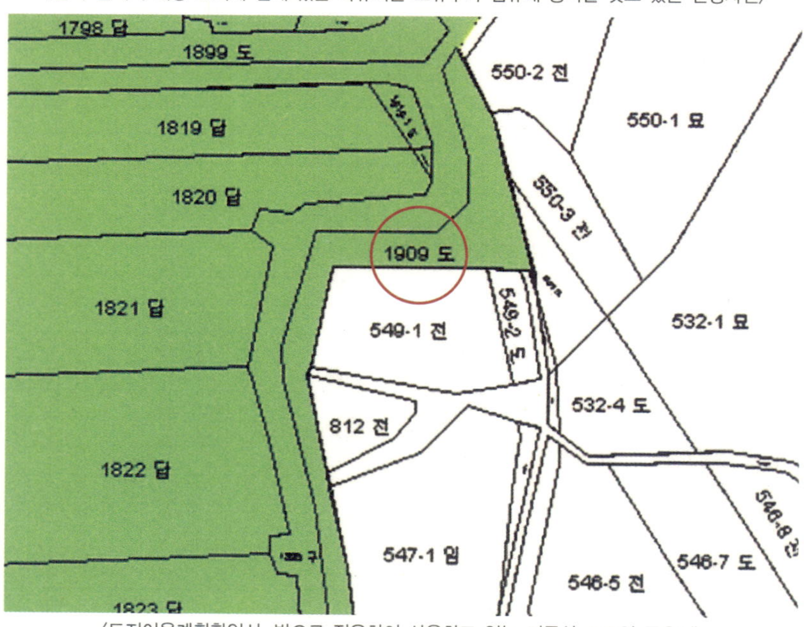

〈토지이용계획확인서. 밭으로 점유하여 사용하고 있는 지목상 도로인 국유지〉

　물론 가장 쉬운 방법은 복잡한 부동산법을 파헤치며 시간을 보내는 것보다 주위에 믿을 만한 전문가를 통해 자문을 구하는 것이 가장 현명한 투자방법이라고 말하고 싶다.

경기도 역세권에서 금맥을 찾다

대기업 부장인 50대 초반 J씨는 3년 전부터 퇴직을 대비한 노후 재테크를 준비 중이다. 하지만 그가 투자할 수 있는 돈은 현금으로 1억 4000만 원 수준이다.

투자자금이 적다고 생각한 그는 마땅한 투자처를 찾지 못하고 있었다. 필자는 이런 그에게 경기도에 위치한 역세권 주변 원룸과 투룸 투자를 추천했다.

J씨가 투자할 당시 해당 지역은 단일 역세권이 형성돼 있어 어느 정도 투자에 필요한 인프라 등이 갖춰져 있었다. 그러나 조금 오래된 지역이라 주변 건물들 가운데 새 건물이 없었다. 리모델링으로 손을 보면 확실한 경쟁력을 갖출 수 있는 지역임은 확실했다.

투자를 해도 인구 유입이나 새로운 상권 형성을 도울 수 있는 지역 호재가 있다면 확실한 투자 대상이 될 수 있다.

필자가 소개한 지역이 마침 이에 맞아떨어지는 곳이었다. 단일 역세권이었던 이곳이 곧 환승역으로 바뀐다는 정보를 입수했다. 단일 역세권과 더블 또는 트리플 역세권은 확연한 차이가 있다.

〈다세대주택〉

유리한 입지 요건은 물론 유동인구에 따른 수요 변화, 그리고 업무시설이나 상권 등 큰 변화가 생긴다.

당연히 J씨에게 추천한 지역 주변으로 업무시설을 비록한 관광시설과 음식점 등 자연스럽게 대규모 인구 유입이 이뤄질 것을 예상해 그에게 1인 가구 수요가 증가하는 추세에 따라 원룸이나 투룸 투자를 추천한 것이다.

추후 전월세 가격의 상승도 덩달아 이뤄질 것이고 이를 통한 시세차익까지 가능할 것이라는 예상을 했다.

역세권인 경우 특히 교통이 편리하고 대형마트나 편의시설이 집중되기 때문에 원룸이나 투룸에 대한 수요가 집중된다는 장점이 있다. 추후 매매를 할 때에도 거래가 활발하다.

　J씨는 투자 초기 연 7%의 수익에서 3년이 지난 후부터 연 10% 이상의 수익을 올리고 있다. 그가 더욱 즐거워하는 점은 원룸과 투룸을 매매할 때 환금성까지 두루 갖추게 됐다는 점이다. 지금은 은퇴를 코앞에 둔 시점인데도 여유로운 마음이라고 필자에게 안부 전화를 하곤 한다.

시크릿노트

　'소액 투자도 전문가의 손이 닿으면 즐겁다. 원룸·투룸 소액 투자로 은퇴 후 대비를 충분히 할 수 있다. 인구유입이나 새로운 상권 형성을 도울 수 있는 지역호재가 있다면 확실한 투자대상이 될 수 있다.

경기도 화성시에서 금맥을 찾다

수도권에 인접해 있으면서도 발전상이 더딘 지역을 꼽으라면 바로 경기도 화성시다. 화성시는 투자처로서 늦게 주목받은 대표적인 지역으로역으로 생각하면 그만큼 발전 가능성을 더 많이 지니고 있다고 볼 수 있다.

이전에는 화성을 관통하는 고속도로가 갖춰지지 않았기 때문에 지역 성장이 늦었다는 분석이 있지만 벌써 과거 얘기가 되어 버렸다. 제2서해안고속도로 개통과 2개의 IC가 생기면서 알짜배기 투자처로 각광받고 있기 때문이다.

전문 투자자들은 이 점을 가장 높게 평가하고 있다. 물류 유통의 교통 여건이 개선되면서 화성 시내의 열악한 도로 인프라 시설이 개선된다면 지가상승을 예상할 수 있는 좋은 호재로 작용할 수 있다는 점이다. 그럼에도 투자가치 있는 입지의 관리지역의 땅값은 $3.3m^2$당 30만~70만 원 수준으로 투자 가치도 높다.

2013년부터 2018년까지 예정된 서해안복선전철 건설은 화성(송산, 화성시청, 향남) 내륙은 물론 평택 당진 아산 홍성까지 이어진다. 화성에만

〈서해안 복선전철 노선도〉

역이 3개나 생기는 것이다. 교통이 개선되어 접근성이 좋아지면 땅값이 상승하는 것은 당연한 결과로 여전히 지역에 대한 호재를 가득 내포하고 있다.

무엇보다 수도권정비계획법에 따라 밀집된 수도권의 발전으로 그동안 비교적 덜 발전된 화성시에 대한 과밀분산 욕구가 강하게 집중될 것으로 예상된다.

쉽게 얘기하자면 서울을 비롯한 과밀억제권역으로부터 대규모 공장이나 4년제 대학교가 더 이상 투자할 여건을 찾기 힘든 반면 화성시는 교통개선과 더불어 각종 개발호재로 더 집중적으로 개발될 수 있다는 소지가 많다는 얘기다.

〈아래 지적도에서 A와 B 모두 지적도상 맹지이지만 B는 현황상 통행로로 이용하는 도로가 있어
맹지가 아님을 확인해 주는 현장사진〉

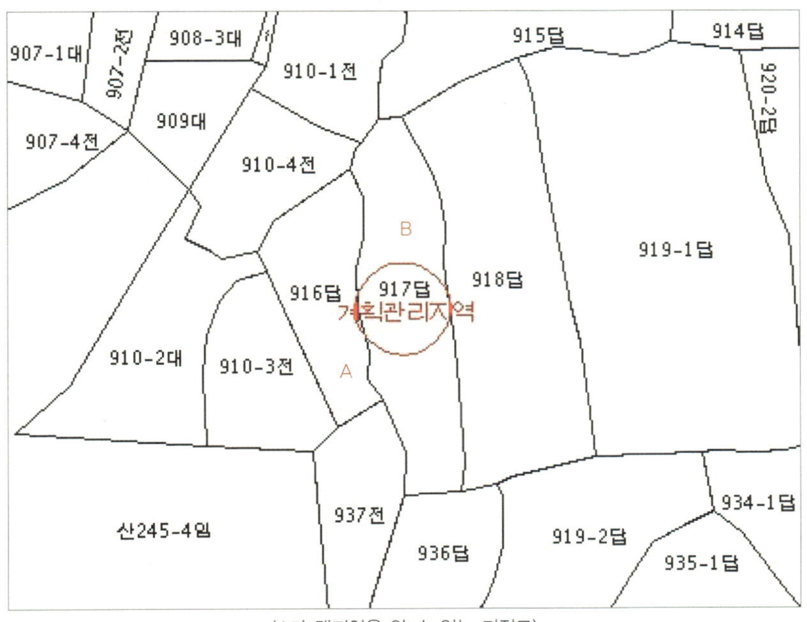

〈A가 맹지임을 알 수 있는 지적도〉

이러한 호재를 알고 의뢰인인 C씨는 필자를 통해 제2서해안고속도로 화성시 마도면 마도 IC 인근일대 계획관리지역을 3.3㎡당 도로에 접해 있는 토지는 50만 원에 매수하고 매수토지와 접해 있으면서 도로가 접해 있지 않아 상대적으로 저렴한 토지는 30만 원에 총 811㎡(246평)를 매입했다.

절반(501㎡) 이상의 토지는 맹지라는 약점이 뚜렷해 30만 원에 매입했다. 두 개의 필지를 매수해 합필을 하여 하나의 필지로 만드니 필지 전체가 평당 50만 원의 토지가 된 셈이다. 30만 원짜리가 50만 원으로 오르게 되는 것이다.

이것이 바로 실전 전문가들의 투자 노하우다. 실전을 통해 토지 매물을 추천하다 보니 가장 먼저 확인하는 부분이 바로 투자지역에 대한 호재다.

부동산 가격을 들썩이게 하는 정부의 계획이 있다. 바로 도시기본계획과 관리계획이다. 도시기본계획은 기본적인 공간구조와 장기발전을 제시하는 종합계획으로 도시관리 계획수립의 지침이 되는 계획을 말한다.

보통 큰 틀에서 볼 때 20년에 한번 정도 수립된다고 보면 되며, 도시관리계획은 단기적인 것으로 기본계획 가운데 확정된 것을 말한다. 국민에게 직접적으로 효력이 발생하기 때문에 쉽게 말하면 법적 효력을 갖고 있다.

이처럼 생소한 정부의 도시관리 계획수립과 같은 내용을 거론하는 데에는 바로 투자전문가와 그렇지 못한 일반 투자자의 차이를 설명하기 위한 것이다.

투자전문가들은 이 같은 내용이 뉴스에 단 한 줄만 나와도 그냥 지나치는 일이 없다. 그러나 일반인들은 그 뉴스 한 줄의 파급효과를 상상할 수 없기 때문에 대부분 그냥 흘려버린다.

수도권역 내 개발이 더딘 지역을 눈여겨봐 둬라. 잠재 투자처가 될 수 있다. 맹지도 진입도로를 만들 수 있다면 좋은 투자처다. 뉴스 한 줄이라도 투자의 팁이 될 수 있다. 정부의 개발계획 수혜지역을 분석하는 것이 유리하다.

소요산 산자락에서 금맥을 찾다

미운 오리새끼 취급을 받아 오던 맹지가 근래 들어 백조로 거듭나는 경우가 많아졌다. 진입로도 없고 가치도 낮은 땅을 백조로 키우기 위해선 토지소유주가 '맹모삼천지교' 에 걸맞는 부모 역할을 해줘야 한다. 쉽게 말해 진입로가 없는 땅에 도로를 연결할 수 있는 방법 정도는 알고 있어야 한다는 말이다.

비슷한 관점에서 볼 때 맹지 선택은 '흙 속의 진주찾기' 다. 때문에 투자 고수들의 안목이 아니고서는 흙 속에서 진주찾기란 불가능할 정도로 어렵다.

약 3년 전쯤 필자는 동두천시 소요산 산자락에 위치한 임야가 경매로 나온 것을 보고 투자자에게 추천한 적이 있다. 필자가 관심을 갖게 된 데에는 해당 토지가 단순 투자목적뿐만 아니라 실수요나 임대수익용으로도 가치가 상승할 것이라는 예상이 있었기 때문이다.

필자가 추천한 매물은 일반인들이 볼 때 그다지 매력을 느끼지 못하는 곳이었다. 인접한 진입로도 제대로 확보되지 않은데다 지역개발 호재가 있는 것도 아니었다. 하지만 중장기적인 투자 포인트를 충분히 지

<2011. 3. 31 기준 A물건 현장사진>

니고 있었다.

　해당 물건은 3.3㎡당 40만 원 정도의 감정가를 받았으며 향후 이 지역의 미군 부대 철수로 투자 가치가 상승하는 지역이 될 것으로 예상했다. 수도권과 인접해 있어 타운하우스 부지로 개발할 수 있는 충분한 여지를 품고 있다는 점도 눈여겨봤다.

　필자의 생각은 머지않아 현실이 됐다. 의뢰인에게 소개한 맹지 주변으로 고급형 타운하우스 단지가 형성돼 자연스럽게 진입로가 들어섰다.

<맹지였던 매물 주변에 도로가 연결되며 타운하우스 단지로 변모>

그 덕분에 미운 오리새끼처럼 보였던 땅이 백옥 같은 날개짓을 자랑하며 점차 백조로 변해갔다.

기대했던 대로 투자목적이던 용도에서 실수요와 임대수익까지 가능한 곳으로 탈바꿈했다. 1년 만에 시세가 2배 이상 뛰었다. 2년이 지나고 매입시 40만 원이던 땅값은 100만 원 수준까지 올라갔다.

여기에 필자가 예상한 가치 상승의 기회는 여전히 남아 있었다. 시 면적의 40% 이상을 차지했던 미군부대가 철수할 경우 반환되는 땅은 개발이 될 것이라는 점이다. 그러면 지가 상승은 당연하고 인근 토지의 몸값은 요동칠 것이다.

이처럼 일반인들의 관심을 받지 못하는 토지, 그중에서도 리스크를 안고 있는 맹지에 투자해 높은 수익을 올린다는 것은 결코 쉬운 일이 아니다. 아무나 할 수 있는 일도 아니다. 최근 들어 맹지에 대한 투자 문의가 늘고 있는 추세라 도리어 걱정이 되기도 한다.

여기서 필자의 바람은 하나다. 반드시 전문가의 도움을 통해 정확한 물건 분석이 뒷받침되어야 한다는 점이다.

맹지로 돈을 벌었다는 소문을 듣긴 했어도 어떤 식으로 접근해 돈을 버는지 일반인들이 섭렵하기에는 많은 시간이 필요하다. 막연한 맹지 투자는 흙 속에서 진주를 찾는 것이 아니라 흙 속에 감춰진 늪에 빠져 벗어나지 못할 수도 있다는 점을 명심해야 한다.

맹지는 '흙 속의 진주'도 '흙 속의 늪'도 될 수도 있다. 맹지 투자는 반드시 전문가의 도움을 받아야 한다. 전문가의 도움을 통해 정확한 물건 분석이 뒷받침되어야 한다.

여주시 대신면에서 금맥을 찾다

탁 트인 강가 주변에 조망권이 좋은 전원주택 부지를 소개해 달라는 Y씨의 의뢰를 받자마자 바로 떠오르는 지역이 있었다.

2년 전 필자가 눈여겨봐 둔 경기도 여주시 대신면의 토지는 제2영동고속도로 인터체인지 부근으로 오토캠핑장 등으로 휴양객들이 많이 몰려들어 4대강 사업의 상징성을 갖고 있는 대표적인 지역이다.

필자는 이 지역에서 이포보와 불과 2~3분 정도 떨어진 땅을 소개해줬다. 평소 4대강의 대표 구간으로 주목받으며 많은 사람들이 찾는 이곳은 제2영동고속도로 건설 계획이 잡혀 있는 대신IC 예정지와도 근접한 위치이기도 했다. 시세도 강가에서 조금 떨어진 덕분에 주변보다 30% 정도 저렴한 20~30만 원 수준이었다.

하지만 Y씨는 필자가 추천해 준 땅이 아닌 강가 바로 앞 부지를 3.3㎡당 50만 원에 계약했다. 그리고 의뢰인은 주변 경관이 맘에 든다며 바로 계약하고 전원주택 시공에 들어갔다.

사실 Y씨가 매입한 부지는 필자가 그다지 추천하고 싶지 않은 위치였다. 주변에 전원주택이 한 채도 없는데다 집을 지으려면 상하수도와 전

〈대단지로 조성된 전원주택부지〉

〈경기도 여주시 대신면 IC 제2영동고속도로노선도〉

기 등의 시설 투자에도 돈이 들어가는 곳이기 때문이다.

약 3개월이 지난 후 일전에 필자에게 투자자문을 구했던 의뢰인 C씨도 전원주택 부지를 찾아달라는 의뢰를 했다. 필자는 일전에 봐둔 곳이 있다고 말한 후 그곳에 대해 간략한 설명을 했고 그는 바로 현장 답사 일정을 잡았다.

석 달 후 찾은 이포보 부근 A부지의 땅값은 약 10만 원 정도 인상돼 있었다. 그러나 필자가 나서 매도하려는 토지주와 가격을 합의했고 이전과 같은 3.3㎡당 30만 원에 매입하기로 결정했다.

1년 6개월 정도가 지난 후 두 곳 모두 전원주택이 완공됐다. 재미가 있는 것은 Y씨와 C씨가 매입한 전원주택부지의 시세가 3.3㎡당 70만 원으로 똑같아졌다는 사실이다.

먼저 전원주택을 세운 Y씨는 3.3㎡당 50만 원을 줬고 이보다 3개월이 늦은 C씨는 3.3㎡당 30만 원을 지불했다. 그런데 왜 1년 6개월 후 시세는 똑같을까?

Y씨의 전원주택 주변에는 아직 다른 집들이 없다. '나 홀로 전원주택'인 것이다. 조망권이 아무리 좋아도 홀로 떨어져 생활하려면 상하수도나 전기를 끌어오는 추가적 비용이 발생하게 된다.

이에 반해 C씨의 부지는 인근에 전원주택 단지들이 형성되어 있는 위치해 있다. 그의 조망권은 Y씨에 비해 못 미치지만 그렇다고 크게 떨어지거나 부족하지도 않다.

두 곳의 거리는 자동차로 불과 3분 안팎이다. 평균적인 시각대로라면 C씨의 조망권도 괜찮은 편인데 단지 Y씨의 조망권이 더 뛰어날 뿐이다. 필자가 선택한 부지의 핵심은 환금성과 제2영동고속도로 건설 호재였

〈여주시 대신면 제2영동고속도로 인터체인지 부근 여주오토캠핑장 전경〉

다.

최근 들어 전원주택 부지 선정에 대한 의뢰가 갈수록 많아지고 있다. 전원주택을 생각하고 있다면 몇 가지 고려해야 할 부분이 있다.

우선 앞의 사례처럼 환금성을 고려한다면 대단지로 형성된 전원주택이 여러 모로 유리하며 이와 별개로 전원주택 부지를 선정할 때 도로유무 파악도 필요하다.

이때 매수하려는 토지가 도로에 접해 있고 그 해당 지목이 도로인지 여부를 꼼꼼히 살펴야 한다. 주변시세에 대한 정보도 잘 챙겨 숙지한 후 투자하는 것도 중요하다.

전원주택이 처음 보급될 때는 희소성적인 측면이 있어 여유 있는 생활이 가능한 사람들이 선택하는 성향이 강했지만 최근처럼 보급이 많이 된 상황에서는 평생 머물러 거주할 집이 아니라면 되파는 것도 고려해서 입지를 선택해야 한다. 참고로 고가의 전원주택이 매물로 나올 경우 환금성이 떨어진다는 점을 인지할 필요가 있다.

부동산 투자시 어떤 컨설턴트를 만나느냐는 최소 절반 이상의 성공을 좌우한다. 어쩌면 좋은 투자처를 찾는 것보다 더 중요하다.

서울 강남에서 금맥을 찾다

　부동산 투자에 경험이 적은 사람만 전문가를 찾는 것이 아니다. 오랜 시간 안정적인 투자수익을 거둬 오던 사람도 한순간 어려운 상황에 부딪히는 경우가 종종 있다. 다음은 노후 건물을 새롭게 리모델링해 새 건물 못지않은 수익을 내게 된 사례다.

　서울 강남에 5층짜리 건물을 소유하고 있는 J씨는 오랫동안 안정적인 임대수익을 올리며 아무런 걱정 없이 살아왔다. 큰 대로변에 위치한 건물은 아니지만 나름 이면도로변에 업무 시설을 비롯한 회사들이 많은 동네라 공실 없이 건물을 운영해왔다.

　그러던 어느 날 자신의 건물의 대부분을 사용하던 회사가 새로 오픈한 업무시설 단지로 이주하면서 많은 공실이 발생하기 시작했다.

　임차인이 두 달 남짓하게 이전 소식을 전해 인근 부동산에 새로운 임차인을 찾는 광고를 냈지만 몇몇 사람들이 사무실을 보러 온 후 노후 건물이라는 이유로 계약까지 성사시키진 못했다.

　늘 안정적이라고만 여겼던 건물 임대수익에 큰 구멍이 생기자 건물 매각을 고려해야 하지 않겠냐는 가족들의 의견에 마음이 기울기 시작했다.

〈리모델링 전 사진〉

〈리모델링 후 사진〉

그러나 공실이 생기다 보니 건물의 매매가도 이전보다 하락하기 시작했다. 더 하락하기 전에 방법을 찾던 그는 결국 필자를 찾아와 고민을 토로하고 상담했다.

필자와 회사 직원 등이 J씨의 고민 해결을 위한 움직임에 착수했다. 우선 현장 방문부터 시작해 공실이 생기는 원인을 다시 한 번 재점검하고 건물 주변의 상권 분석과 입지 요건 등 다양한 부분을 검토했다.

결국 상담과 현장 실사에서 나온 자료를 토대로 그의 노후 건물을 1인 또는 2인 가구가 입주할 수 있는 전용 오피스와 원룸으로 리모델링하기로 했다.

기존 임차인들에게 공사를 진행하는 동안 불편이 예상되는 점을 공지하고 건물이 새롭게 바뀐 후 여러 모로 업무에 시너지 효과가 따를 것이라는 부분도 강조해 별다른 이견 없이 공사를 마무리했다.

리모델링 후 새 건물처럼 단장이 되자 가장 큰 변화는 지역 부동산을 통해 입주 문의 전화가 쇄도하고 있다는 점이었다. J씨는 공실로 새 임차인을 못 찾아 마음 조렸던 점을 생각하면 입주 전 사무실을 구경하러 오는 것만 봐도 기뻤다.

실질적인 수익도 2배나 늘었다. 새로 리모델링한 덕에 기존 임차인은 계약이 만료되는 시점에 임대료를 올려받기로 했고 새 임차인은 이전보다 훨씬 높아진 임대료를 제시해도 입주를 결정했다.

은행이자도 월세 상승으로 인한 효과로 인해 부담이 되지 않았다. 무엇보다 J씨를 흐뭇하게 한 것은 건물의 감정가가 이전보다 크게 상승했다는 사실이다. 공실이 없고 새 건물처럼 단장이 되자 주변에서 건물 매매를 검토해 달라는 사람들이 부쩍 늘었다.

리모델링 없이 건물을 매각했더라면 지금보다 턱 없이 낮은 가격에 넘겼을 것이 뻔했다. 전문가의 분석과 건물주의 신속한 판단에 따른 선택은 결국 부동산의 또 다른 장점을 최대한 활용한 좋은 사례로 남게 됐다.

충남 태안군에서 금맥을 찾다

고향 선배로부터 개발호재가 확실한 땅이 있으니 함께 투자해 보지 않겠냐는 제의를 받은 K씨. 그의 선배인 P씨는 자신을 믿고 투자하면 머지않아 짭짤한 수익을 거둘 수 있을 것이라며 이미 자신도 해당 토지 일부를 매입한 서류를 증거로 보여줬다.

P씨가 매입한 땅은 공유지분 소유자가 있는 농림지역으로 3900㎡(약 1180평) 규모였다. 그는 K씨에게 공동소유로 땅을 매입하면 투자자금이 적게 들고 나중에 땅값이 상승할 때는 팔기 쉽게 가장 좋은 위치를 몫으로 해주겠다며 투자를 종용했다.

K씨는 선배인 P씨의 말에 귀가 솔깃했다. 주변에서 너도나도 재테크를 하는 판에 자신도 언젠가 좋은 기회가 오면 해 봐야겠다는 생각을 갖고 있었던 터였기 때문이다.

그래도 투자 전에 정확한 정보인지 확인해 봐야겠다고 생각한 그는 언론에 나온 관련 기사를 살피고 자료를 모았다. 선배가 지목한 투자처는 다름 아닌 충남 태안지역으로 기업도시가 형성된다는 호재 때문에 지가 상승이 예상되는 곳이다.

처음 발을 들인 재테크를 통해 큰 수익을 낼 수 있을 것이라는 확신을 한 K씨는 선배가 지분을 넣은 땅 3900㎡(약 1180평) 가운데 1900㎡(575평) 매입을 했다. 등기부상에 선배 P씨 외에 한 명이 더 있었다. K씨까지 포함하면 해당 농림지역의 공유지분 소유자는 총 3명이었다.

인근지역의 호재가 연일 이어지면서 K씨가 투자한 지역의 지가도 갈수록 상승했다. 1년이 지나 급하게 돈이 필요하게 된 그는 자신이 투자한 땅을 팔기 위해 선배에게 도로와 인접한 부분을 분할해 달라고 했다. 그러나 몇 가지 큰 문제로 땅을 매매할 수 없는 상황에 부딪혔다.

K씨와 같은 필지의 지분을 갖고 있는 다른 공유지분 소유자가 분할에 동의하지 않는데 문제가 됐다. 분할을 하려면 공유지분 소유자인 다른 사람들 동의를 받아야 하지만 한 필지 속에 좋은 입지를 K씨가 분할할 경우 나머지 부분은 큰 메리트가 없기 때문에 분할에 동의하지 않은 것

<태안 기업도시 부지>

이다.

용도지역이 농림지역인 토지를 분할하려면 분할된 면적이 2001㎡이

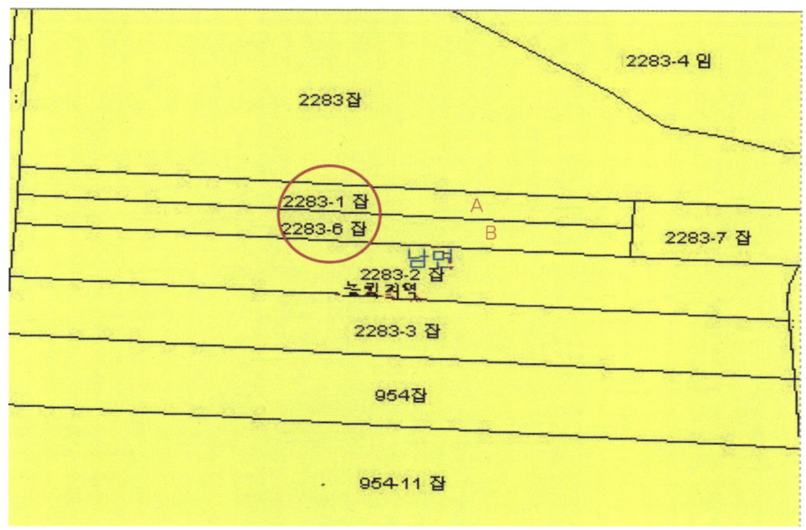

〈충남 태안군 분할 및 합필 전 토지이용계획확인서〉

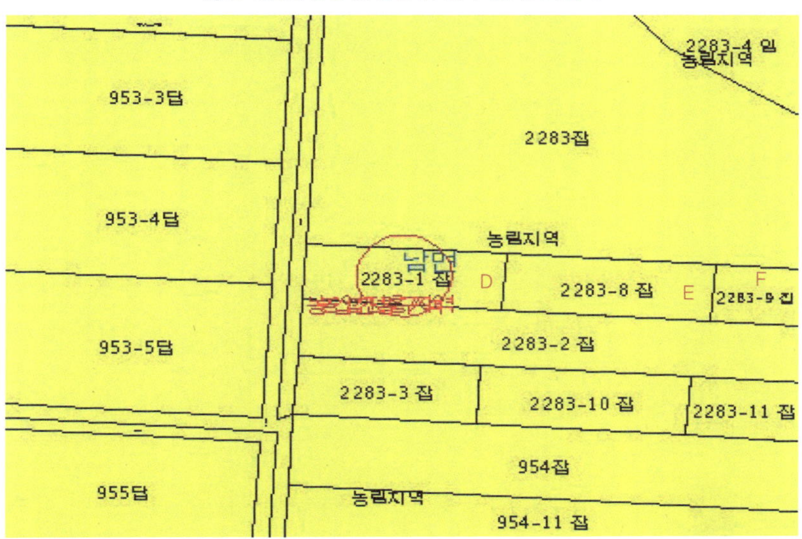

〈A와 B를 합필한 후 분활되어 있는 D, E, F 중 도로에 접해 있는 D를 취득한 토지이용계획확인서〉

상 되어야 한다. 다시 말해 분할 전 면적이 최소 4002㎡ 이상 되어야 한다는 얘기다.

K씨가 지분으로 매입한 토지의 필지는 3900㎡(약 1180평) 면적으로 이에 조금 못 미쳐 분할이 안 되는 상황이었다. 물론 공유지분도 매매가 가능하지만 매수하려는 입장에서는 재산권행사에 제약이 따라 꺼리는 편이다. 그래서 개별등기된 토지가 대출도 가능하고 환금성도 있다.

필자의 의뢰인 중에 K씨와 비슷한 상황을 겪은 C씨가 있다. 그도 태안 지역 호재를 겨냥해 지인이 알선한 용도지역이 농림지역인 공유지분 소유 토지에 투자했다가 토지분할을 못해 애를 먹고 있는 비슷한 상황이었다.

그의 고민을 들은 필자는 그와 함께 현장을 방문해 매물을 살펴봤다. 그리고 현장에서 바로 해법을 제시해줬다. 해답은 바로 합필이었다.

의뢰인이 공유지분 소유 자격으로 매입한 땅과 바로 붙어 있는 땅이 마침 매물로 나온 것을 확인한 필자는 의뢰인에게 바로 옆 토지를 매입하게 한 후 공유지분 소유 땅과 새로 매입한 땅을 합필해 양 도로를 끼고 분할해도 개별등기가 가능하도록 해 매물로 내놓는 노하우를 알려준 것이다.

일이 잘 풀릴 때는 일사천리로 진행될 운명인지 합필을 통해 내놓은 매물은 얼마 지나지 않아 새 주인을 만났다. 농림지역의 법률적 제한 때문에 난관에 부딪혔지만 그 법을 이용해 이를 극복하고 시세차익까지 거둘 수 있게 된 것이다.

같은 농림지역 공유지분 소유 토지를 매입하고도 누구는 돈이 묶여 있게 된 반면 다른 누구는 웃으면서 시세차익까지 보게 된 사례다.

낭패를 본 K씨에게 자문해줄 수 있는 부분은 농림지역의 공유지분 소유 토지를 매입할 경우 위치지정과 분할에 대한 다른 공유지분 소유자들의 동의서를 받고 정확한 자신의 땅 위치를 정해 계약서에 첨부한 다음 분할한 후 잔금을 치루는 것이다.

시세차익을 거둔 필자의 의뢰인의 사례에서도 주의할 점은 있다. 농림지역을 합필하는 방법을 통해 땅을 다시 팔 수 있었지만 합필의 경우 지목이 같아야 한다는 점이다. 즉 동일한 지목과 소유권일 경우만 가능하다는 것을 염두에 두어야 한다.

용도지역이 농림지역인 지분 소유지를 분할하려면 2001㎡이상 면적일 때 가능하다. 두 개의 필지 합필 가능조건은 동일한 소유자와 동일한 지목일 때 할 수 있다. 공유자가 여러 사람일 경우 분할시 동의가 필요하며, 동의 후에 등기 이전 절차가 가능하다.

충북 오송읍에서 금맥을 찾다

최신 스마트폰이면 뉴스검색은 물론 은행거래나 마트에서 장을 볼 때 결제까지 가능한 시대에 살고 있다. 하지만 지도상의 땅과 실제 현장에서 확인한 땅 모양이 다른 경우가 있다.

시골에 있는 땅은 특히 지적도와 다른 것을 그리 어렵지 않게 발견할 수 있다. 게다가 모양도 이상한데 곳곳에 잡목들이 즐비해 언뜻 보기에 땅의 값어치가 시세보다 더 떨어져 보인다.

하지만 이러한 땅도 전문가의 손에 걸리면 시세차익을 노려볼 수 있는 투자처가 된다. 필자를 만났을 때 철도공무원으로 재직하고 있던 K씨의 경우가 그렇다.

그는 주말만 되면 전국을 다니며 투자할 땅을 찾아다니는 토지재테크 경력이 제법 되는 사람이다. 그런 그에게 의뢰를 받은 필자가 투자매물을 발굴하기 위해 충북에 있는 오송 일대를 지나가다 땅 모양이 조금 어색한 땅을 발견하게 됐다.

흔히 좋은 매물이라고 꼽을 수 있는 예쁜 땅과는 거리가 좀 멀어 보였다. 지적도와 땅 모양이 조금 다르기도 했다.

〈충북 오송군 오송읍 평탄화작업 전 모습〉

지도상에는 잘 나와 있지 않았지만 현장을 꼼꼼히 살펴보니 한쪽에 움푹 파인 땅이 있고 잡목도 제법 어지럽게 흩어져 있었다. 주변시세는 3.3㎡당 25만 원이었으나 이곳은 15만 원 수준이었다.

다음 날 필자는 K씨에게 연락해 현장에서 만나자고 한 후 이 땅을 매입하라고 했다. 토지재테크에 제법 경험이 있는 그도 못생긴 땅에 투자하라는 필자의 말에 의아해했다.

자초지종을 설명하자 그는 고개를 끄덕였다. 그리고 바로 땅 주인에게 연락해 땅을 사겠다고 전화를 넣었다. 못생긴 자신의 땅을 매입한다는 말에 땅주인은 제값만 준다면 바로 계약하겠다고 했다.

이때 필자가 나서 가격을 조금 낮춰달라고 했다. 땅 모양이 못생긴데다 실제 지적도와 차이가 난다는 점을 말하자 조금 놀란 땅주인은 알았다며 급하게 땅을 매도하려고 했다.

〈충북 오송군 오송읍 평탄화작업 1차 작업 후 모습〉

〈충북 오송군 오송읍 평탄화작업 2차 작업 후 모습〉

당시 시세인 15만 원에서 3.3㎡당 1만 원씩 값을 낮춰 매입할 수 있었다. 총 1485㎡(450평)규모였으니 단 몇 분의 협의 끝에 450만 원을 더 번 셈이다.

그 자리에서 땅주인과 계약을 마무리한 후 K씨와 협의해 잡목을 제거하고 땅 평탄작업을 하기 위해 인부를 불렀다. 원하는 작업을 하는데 총 70만 원 정도의 비용이 들었으며 하루가 조금 안 걸려 마무리됐다. 작업을 마친 후 땅을 살펴보니 주변에 여느 땅과 다를 바 없는 번듯하고 예쁜 땅으로 변해 있었다.

땅을 매입하는데 들어간 비용은 취득세 포함 6750만 원, 여기에 3.3㎡당 1만 원씩 가격을 깎아 450만 원을 벌었고 잡목제거와 평탄작업에 70만 원 지출, 그리고 최종적으로 3.3㎡당 주변 비슷한 입지 용도지역의 시세인 25만 원. 이 과정을 거친 K씨는 못난이 땅을 매입한지 불과 열흘 만에 약 5000만 원 정도의 수익이 발생한 셈이다. 보통 중견기업에 다니는 직장인의 1년 연봉을 단 열흘 만에 번 것이다.

좋은 입지조건을 가진 땅은 누구나 군침을 흘리는 땅이고 그만큼 가격경쟁력이 떨어진다. 때문에 투자를 하기에는 볼품없는 땅이지만 '성형'을 하면 가치 있는 땅으로 탈바꿈할 수 있는 땅을 고르는 안목을 가지는 것이 중요하다.

물론 오랫동안 토지재테크 경험이 있는 K씨도 필자의 자문 이후 그 방법을 터득한 경우인 것처럼 전문가가 아니면 이러한 방법을 아는 것도, 이 같은 땅을 찾는 것도 힘들다고 봐야 한다.

현황상 길 없는 농지, 옆 필지와 비교해 모양이 반듯하지 않은 땅, 허름한 주택 등을 점찍는다. 이 같은 부동산을 값싸게 매입한 후 관련법을 적용해 용도를 바꾸거나 개보수, 합필과 분필을 통해 가치를 높일 수 있다.

다만 개발행위허가 후 공사해야 하는 기준이 지방자치단체마다 조금 다
르다는 점만 주의하면 된다.

지적도와 다른 토지 저렴하게 매수해 다듬은 후 제값받을 수 있다. 볼품
없는 땅도 좋은 투자처가 될 수 있다. 좋은 입지조건을 가진 땅은 누구
나 군침을 흘리는 땅이고 그만큼 가격경쟁력이 떨어진다. 반면 볼품없
는 땅이지만 '성형'을 하면 가치 있는 토지로 탈바꿈할 수 있는 땅을 고
르는 안목을 가지는 것이 중요하다.

세종시 전동면에서 금맥을 찾다

세종시 지역에 대한 호재가 한창 진행될 당시 필자에게 투자자문 의뢰가 쇄도했다. 당시 세종시에 대한 관심이 가장 뜨거울 때였지만 필자는 그 와중에도 또 다른 투자처 발굴을 위해 무척 바쁜 나날을 보내고 있었다.

현장을 누비며 매물을 물색하기 힘들 정도로 바쁠 때 필자가 활용하는 방법은 바로 인터넷 검색이다. 인터넷을 통한 매물 검색은 필요한 정보도 쉽게 얻을 수 있어 여러 모로 편리한 장점이 있다. 물론 낚시매물(보유하지 않은 매물을 중개업소에서 고객 접근 유도용)도 많으나 부동산 생리를 잘 아는 필자는 분류해서 접근을 한다.

그날도 현장 답사를 통한 매물 물색을 하기 힘들 정도로 바쁜 상황이었다. 인터넷을 이용해 투자매물을 검색하던 중 필자의 시선을 끄는 땅이 있었다. 그것도 주변시세보다 월등하게 저렴한 매물이었다.

그 자리에서 토지 소유주와 바로 연락을 한 후 다음 날 현장으로 확인하러 갔다. 매물 위치는 세종시 전동면의 조용한 시골마을로 매물을 올린 사람은 마을 내 교회의 목사였다.

〈세종시 전동면. 사별한 남편의 묘가 맨 끝에 있어 가슴아팠던 현장사진〉

토지 소유주가 이곳에서만 오랫동안 살아온 노인이라 땅을 거래해 본 적이 전무한데다 막상 땅을 팔려고 내놓으려니 어떻게 해야 할지 모르고 가까운 곳에 중개업소가 없어 목사에게 부탁해 대신 인터넷에 올린 것이었다.

실제 토지를 매도하려는 할머니 집으로 이동했다. 현장에 내려오기 전 미리 등기부등본을 확인하는 것은 필수다. 그런데 막상 소유주와 토지를 매도하겠다는 계약자가 달랐다. 등기부등본상의 소유주는 할머니와 사별한 남편이었던 것이다. 흔치 않지만 이러한 경우 할머니 자녀의 동의가 필요하다.

매물로 나온 토지면적은 1353㎡(410평)으로 3.3㎡당 2만5000원 꼴로 주변시세 3.3㎡당 7~8만 원의 시세가치보다 월등하게 저렴한 가격으로

80

내놓았다.

할머니가 땅을 내놓게 된 과정도 토지 시세를 잘 모르는 상황에서 몇몇 지인에게 물어보고 난 후 그 정도 금액이면 적당하다고 판단해 매물로 올린 것이라는 사정을 들었다.

토지 전체 매매가는 1000만 원으로 여러 모로 마음에 들었다. 좋은 매물을 놓치고 싶지 않다는 생각에 500만 원을 계약금으로 걸고 서울로 왔다. 나머지 잔금은 보름 후에 지불하기로 했다.

계약을 위해 그곳에 머무는 내내 어머니처럼 따스하고 구수한 느낌을 준 할머니가 생각나서였을까?

서울로 올라오는 동안 마음 한 구석이 허전했다. 그곳에만 살면서 순박함을 그대로 간직한 영락없는 시골 어머니의 모습이 자꾸 떠올랐다. 할머니 입장에서 좋은 땅을 제대로 판다면 지금보다 더 좋은 조건에 매도할 수 있을 것이라는 아쉬움이 들었다.

필자는 다음 날 해당 토지를 매입할 고객과 같이 현장을 찾았다. 매물을 소개받은 고객도 매우 흡족해했다. 이제 계약서에 명시된 날짜에 남은 잔금을 치르는 일만 남은 것이다.

그런데 며칠 후 할머니의 딸로부터 연락이 왔다. 주변시세를 확인해보니 어머니가 내놓은 가격이 너무 낮아 땅을 팔기 힘들다는 얘기였다.

이러한 경우 계약해지 책임이 있는 쪽에서 상대방에게 배상을 해줘야 한다. 필자의 고객은 이 점을 강조하며 계약금 500만 원과 배상액 500만 원을 더해 1000만 원을 지불하라고 주장했다. 시골 노인에게는 큰 금액임이 틀림없었다.

결국 필자가 중간에 나서서 중재를 했다. 필자는 고객에게 "계약해지

책임은 할머니 쪽에 있으나 평생 땅을 사고 판 경험이 없는 시골사람이라 그런 것이니 우리 쪽에서 이해하는 방향으로 마무리하자"고 설득했다.

고객이 필자의 말에 바로 생각을 바꾸지 않자 필자는 "지금보다 더 좋은 투자처가 있을 때 가장 먼저 소개해 주겠다"는 약속을 했다.

고객은 그제야 알았다며 계약을 취소했고 계약금을 돌려받는 것과 동시에 위약금으로는 서울과 세종시를 오가며 사용했던 최소 경비 정도만 받는 것으로 마무리했다. 물론 삭막한 현실에서는 있을 수 없는 일이다.

필자는 계약 해지를 마무리하고 해당 토지를 다시 분석해 할머니가 제대로 된 값을 받고 땅을 매도할 수 있도록 도와줬다. 또 필자의 얘길 들어준 고객에게도 약속을 지켰다. 지금 그 고객은 그 누구보다 필자의 얘길 신뢰하는 한 사람이 됐다.

서울 역세권에서 금맥을 찾다

올해로 60세가 된 Y씨는 서울 시내에 위치한 20년 된 소형 빌딩을 매입했다. 대지 100평에 지하 1층 지상 4층짜리 건물로 지하 1층은 물류회사에서 사무실과 창고로 쓰고 있고 1층은 마트와 식당, 2층~3층까지는 미용실과 학원들이 입주해 있었다. 엘리베이터가 없던 터라 4층의 경우 조금 오랜 기간 공실로 방치된 상태였다.

건물을 매입하기 전에는 이곳을 되살릴 방법이 있을 것이라고 생각했는데 막상 매입을 하니 어려운 점이 한두 가지가 아니었다.

건물을 매입하기 전 자신보다 먼저 임대료 수익을 올리고 있는 친구는 별 어려움 없이 건물을 운영하는 것 같았는데 자신이 그 입장이 되고 나니 무작정 매입한 부분에 대해 후회가 들기 시작했다.

지인의 소개로 필자와 연락이 닿은 Y씨는 이 같은 상황에서 앞으로 어떻게 하면 안정적인 수익을 낼 수 있을지에 대한 해결책을 알려 달라고 의뢰했다.

필자는 현장에 나가자마자 그가 매입한 건물 주변을 우선 살펴봤다. 도보로 10분 정도 거리에 지하철역이 있었고 먹자골목으로 제법 활성화

〈리모델링 전〉

〈리모델링 후〉

된 곳도 있었다. 이곳은 지하철역의 연장선상에 위치해 상권이 확장될 경우 Y씨의 건물까지도 충분한 영향력을 미칠 것으로 보였다.

반경 1km 안에는 대규모 뉴타운 개발이 진행 중이었다는 점은 호재였다. 근래에 부동산 경기 침체에 따라 사업이 확정됐던 재개발 지구들이 막상 첫 삽을 뜨지도 못하고 정체돼 있는 것에 비하면 큰 호재가 분명했다.

이곳은 주거시설은 물론 업무시설까지 들어설 예정에 있어 대기업과 중소기업의 입주까지 타진되고 있다는 정보도 확인했다.

Y씨가 이 같은 상권 분석력을 갖췄다면 자신이 매입한 건물이 결코 고민덩어리가 아닌 복덩어리가 될 확률이 높다는 사실을 미리 알아챌 수 있었을 것이라는 생각이 들었다.

지역의 가치가 보이기 시작했다. 이제 필자의 고객이 소유한 건물이 최대한 가치를 발산할 수 있도록 역량을 담아 주는 일만 남았다.

일단 소형 빌딩이라는 특성상 전체 건물을 임차인에게 통으로 임대하는 방향으로 잡아도 괜찮다. 이후 소형 사옥을 임대하는 업체들과의 접촉을 시도했다.

물론 입주 계약을 위해 리모델링을 진행했다. 결국 전체 건물을 중견기업과 통으로 계약했다. 리모델링 덕분에 주변시세보다 조금 높은 임대료로 계약했다.

통으로 임대를 할 경우 건물주 입장에서 건물관리가 편리하다. 물론 임차인이 한꺼번에 나간다는 리스크에 평소 대비를 해야 함은 물론이다. 필자는 이런 부분을 상기시켜 임차인과 5년 계약을 진행하도록 했고 더불어 계약연장 옵션까지 추진하도록 했다.

Y씨는 통으로 임대 계약을 한 부분도 기뻤지만 자신이 건물관리에 신경 쓸 필요가 없다는 점도 마음에 들었다. 더욱이 이 같은 상황에서 안정적인 수익은 두말할 필요 없이 얻게 됐다. 현재 필자의 고객인 그를 가장

부러워하는 사람은 그보다 먼저 건물임대를 시작한 그의 친구가 됐다.

경기도 양평군에서 금맥을 찾다

토지를 팔 때 매도자가 지장물을 별도로 계약해야 하는 토지가 있다. 일종의 특약사항이지만 일반 투자자들은 이 같은 변수에 적절히 대응하지 못해 피해를 보는 경우가 종종 있다.

흔히 잘 모르고 매입한 땅이 이 같은 분쟁에 휘말리면 위험 또는 매우 피곤한 상황에 직면한다. 서울에서 학원을 운영하는 N씨가 비슷한 사례다.

학원 경영으로 제법 여유자금을 확보하고 있는 그는 토지투자에 관심을 기울이던 중 경기도 양평지역이 지속적으로 발전할 것이라는 얘길 듣고 2010년경 인근 중개업자를 통해 3300㎡(1000평)임야를 소개받았다.

계약서를 작성하기 전 중개업자와 현장을 방문해 보니 자가용 2대 정도가 들어갈 정도의 진입로도 나 있었고 전반적으로 완만한 땅이라는 점도 마음에 들었다.

이러한 N씨의 표정을 본 중개업자는 오후에 같은 땅을 보러 오는 투자자가 두 팀이나 예약이 되어 있다며 그를 부추겼다.

이때 N씨는 필자에게 이 같은 상황을 전하고 물건의 사진을 휴대폰으로 찍어 즉석에서 분석을 의뢰했다. 자신이 보기에는 매물이 괜찮은 것 같은데 시간 내에 계약하지 않으면 오후에 다른 사람이 매물을 계약할 것 같다며 조급해했다.

필자는 그가 보내준 사진을 전송받아 살펴봤다. 사진상으로 정확한 파악이 힘들지만 다급한 의뢰인의 부탁인 만큼 자세히 들여다봤다. 그런데 오르막 경사 부분에 고급스러워 보이는 값이 좀 나갈 듯한 나무들이 있었다.

의뢰인에게 바로 연락해 물건을 소개한 부동산 중개인과 필자가 직접 통화할 수 있게끔 해 달라고 한 후 이 부분을 물었더니 중개인은 두루뭉

〈경기도 양평에 있는 지장물 토지 현장〉

술하게 문제가 될 부분이 아니라는 식으로 말을 더듬었다.

느낌이 이상해 계약을 일단 연기하라고 얘기한 후 이틀이 지난 오후 의뢰인과 현장을 찾았다. 그런데 의뢰인과 찾은 현장은 중장비와 인부들이 한창 작업을 진행하고 있었다. 그날 의뢰인과의 계약이 불발되자 오후에 다른 사람에게 땅을 판 것이었다.

새로운 땅 소유주가 현장에서 작업 지휘를 하고 있어 몇 마디 말을 나눴다. 토지를 매입하고 나서 창고를 지을지 아니면 평탄화작업을 한 후 다시 되팔지 밤새 고민하다 땅을 고르고 되파는 쪽으로 결정해 지금 작업 중이라고 했다.

얘기가 끝날 때쯤 갑자기 인부들의 작업이 중단됐다. 중년쯤으로 보이는 남성이 자신 소유의 임야에 나무를 마음대로 자르고 있다며 고소하겠다고 대치하는 상황이 발생한 것이다.

새 소유주는 어이없다며 자신의 차에서 매매계약서 등 자신 소유임을 입증하는 서류를 내밀며 작업을 방해하면 도리어 지금 바로 고소하겠다고 언성을 높였다. 중년 남성도 자신이 나무 소유주라는 것을 증명할 지장물에 관한 소유권 서류를 내밀었다.

현지 법무사에 들러 법적 자문을 구했다. 하지만 결국 합의를 거치지 않고 무단으로 나무를 밴 것에 대해 400만 원의 보상금을 줘야 했다. 해당 임야를 중개한 업자에게도 따져보지만 발뺌을 하는 통에 이렇다할 하소연도 못했다.

새 소유주는 땅에 대한 매매계약을 취소해도 유치권으로 인한 400만 원의 손해와 각종 시간비용 등 상당한 손해를 봐야 한다. 결국 경솔한 투자로 낭패만 보게 된 것이다.

필자의 고객은 그날 이후 다급하게 진행되는 매물은 거들떠보지도 않
게 됐다.

제2장

부동산에서 '돈맥' 파헤치기

16억 원 빌라 주인이 되다

모든 일이 그러하듯 부동산 투자도 실천이 중요하다. 투자자금이 적다거나 투자경험이 없어 자신이 없다고 푸념만 늘어놓는다면 기회비용만 허비하는 것이다.

복권에 당첨되고 싶다고 말만 하거나 생각만 한다면 당첨될 수 있는 최소한의 기회비용마저 스스로 내던지는 것과 같다. 그래서 나온 것이 '빈자는 생각만 하고 부자는 실천을 한다' 는 말이다.

K(47·여)씨의 사례가 이와 비슷하다.

중견 출판사에 근무하고 있는 그녀는 평소 부동산 투자에 많은 관심을 갖고 있었다. 하지만 어디서부터 어떻게 시작해야 할지 몰라 망설이고 있었다.

금융회사 간부로 재직 중인 남편이 든든한 후원자가 되어 주겠다고 한 약속 덕분에 제법 용기를 갖고 실천에 들어갔다. 그렇지만 투자대상을 물색하다 보니 투자자금이 부족하다는 사실을 알게 됐다.

저축액과 전세자금까지 긁어모았더니 총 4억 원 정도의 자금이 생겼고 투자처로 빌라건축을 선택했다.

전체적인 밑그림을 그리는 상담이 끝나고 적정 물건지를 파악한 후 해당 토지 모양과 입지 등을 검토하기 시작했다.

마침 약 60평 정도의 적정 토지가 있었다. 평당 850만 원에 구입했다.

토지 부분에 들어간 매매 비용만 5억1000만 원이었다. 토지 매매에서 부족한 금액과 공사비에 소요될 일부 금액은 지인을 통해 충당하기로 하고 공사를 시작했다.

공사비는 약 30%만 지불하고 나머지는 공사 완료 후 전세계약을 하면 들어오는 금액으로 지불하기로 계약한 것이다.

공사비 견적은 총 4억 원 정도였으니 1억2000만여 원으로 공사비를 지급한 후 빌라 건축을 단행한 것이다. 공사에 소요되는 기간 동안 K씨와 남편은 월세를 살기로 결정했다.

착공 후 약 5개월 정도가 지나자 부동산 투자바람이 일어나 지가가 상승하는 등 주변의 상황이 변하기 시작했다. 건물 신축에 대한 가격마저 올라 총 10억 원 정도 들어간 투자 사업지의 시세는 약 16억 원까지 뛰었다.

해당 사업지에 대한 전체 건축 가구수는 K씨 본인이 거주할 집을 포함해 8세대가 나왔다. 나머지 집을 담보로 2억8000만 원의 건축비용을 대출을 통해 지불했으며 본인 거주 세대를 제외한 7세대를 임대하기로 결정했다.

건축한 집은 실제 46㎡(14평) 정도의 투룸과 쓰리룸으로 구성돼 있었다. 전체 외형 평균을 내자면 각 세대에서 보증금 3000만 원에 월세 50만 원의 수익이 나왔다. 한 번의 투자로 그녀는 임대사업자가 된 것이다.

임대수익은 2억8000만 원에 대한 금융이자 약 140만 원을 공제해도 매달 210만 원의 이익이 발생한다. K씨 본인의 투자자금 전체는 4억 원에 불과했지만 상담을 통해 발상을 전환하고 투자를 단행한 결과 본인 거주의 주택마련과 동시에 연 2520만 원이라는 임대수익까지 챙기게 됐다.

사업 시작 후 약 5년이 지나고 있는 현재 그녀는 투자를 단행하면서 차용한 금액 1억5000만여 원과 금융대출 2억8000만여 원을 모두 상환했다.

그리고 현재 전체 외형 부동산 추정가 약 15~16억 원짜리 빌라 건물을 통째로 소유하고 있는 엄연한 사업자가 됐다. K씨는 어느덧 강의까지 나가며 자신의 부동산 투자 경험을 바탕으로 한 성공 사례를 전파하고 있다.

한번도 투자를 해 보지 않은 사람이 투자를 시작하려고 하면 두려운 것이 사실이다.

게다가 돈까지 넉넉하지 않다면 성공적인 투자를 할 수 있다는 확신이 더더욱 흔들릴 수 있다. 하지만 복권조차 사지 않고 '당첨되면 얼마나 좋을까' 라고 생각만 한다면 달라지는 것은 아무것도 없다는 것을 명심해야 한다.

일단 전문가와 상담을 한 후 자신 스스로 움직이고 할 수 있다는 발상 전환이 필요하다.

어느 순간 K씨와 같은 임대사업자가 되어 있는 자신을 발견할 확률을 높이는 것은 바로 실천이다. 경쟁자가 많다는 것 또한 전혀 두려워할 필요가 없다. 세상에 실천하는 사람은 불과 1%에 불과하기 때문이다.

한번도 투자를 해 보지 않은 사람이 투자를 시작하려고 하면 두려운 것이 사실이다. 게다가 돈까지 넉넉하지 않다면 성공적인 투자를 할 수 있다는 확신이 더더욱 흔들릴 수 있다. 이 같은 경우 일단 전문가와 상담을 한 후 자신 스스로 움직이고 할 수 있다는 발상전환이 필요하다. 경쟁자가 많다는 것 또한 전혀 두려워할 필요가 없다.

수익률 연 10% 만끽하다

서울 합정동에 사는 J(50)씨는 최근 오피스텔 임대 사업에 푹 빠져 세월 가는 줄 모른다. 분양 초기 분양가도 못 건지는 것이 아닌가 하는 걱정 때문에 한동안 잠을 이루지 못했지만 다달이 들어오는 임대료를 확인하는 재미에 푹 빠져 웃음이 떠날 겨를이 없다.

게다가 오피스텔을 분양받아 분양가도 못 건지는 것은 물론 손해를 보고 내다 파는 경우가 허다한데 유독 혼자 연 10%를 넘는 수익률을 올리고 있어 주변의 시샘을 받을 정도다. 사실 J씨가 오피스텔을 매입했을 때는 주변에서도 걱정을 많이 했다. 시장에서 그리 인기 있는 매물이 아닌 다소 소외받던 물건을 매입했기 때문이다.

그 덕에 시세보다 20% 정도 싸게 샀다. 한편으로는 자신의 투자자금에 맞는 투자처를 찾다보니 은행이자보다 조금 더 수익을 얻을 수 있는 곳이 마땅히 없어 큰 욕심내지 않고 시작한 곳이기도 하다.

그가 매입한 오피스텔은 감정가가 1억1000만 원인 경기도 일산의 D 오피스텔 28평형이다. 7040만 원에 낙찰받은 이곳은 최근 신혼부부 등이 몰리면서 전세가가 강세를 보이고 있는 지역으로 그 덕에 보증금 1000만 원, 월세 60만 원에 세를 줬다. 취·등록세 등 부대비용 400만 원을 내고 보증금을 회수해 J씨가 부담한 돈은 6440만 원이다. 월세 60만 원을 꼬박꼬박 받아 임대소득세(40만 원)를 제외한 연 순수입은 680만 원에 달했다. J씨는 얼마 전 경매보다 더 싸게 오피스텔을 구입할 수 있다는 솔깃한 얘기를 들었다. 시행사가 자금난으로 공사비를 오피스텔로 시공사에 대납하기도 하는데 이러한 물건(대물)이 매우 저렴하다는 것이다.

시공사에서 신속한 자금회수를 위해 통상 시세의 50~60%에서 내놓기 때문이다. 그는 이곳을 여러 채 구입해 본격적인 임대사업을 벌일 생각이다. 이 경우 15%를 상회하는 수익률도 나올 수 있다. 그는 최근 직접 발품을 팔며 건설사 분양팀을 찾아가 대물을 알아보는 중이다.

부동산 정보포털사이트에 의하면 지난 2004년 7만9000가구를 정점으로 2010년 4200가구가 될 때까지 전국 오피스텔 입주물량은 6년 연속 감소세를 보였다.

그러나 1~2인 가구가 지속적으로 늘어나면서 수요는 증가하고 있다. 통계청의 장래가계추이에 따르면 전국 1~2인 가구 비중은 2010년 43.3%에서 2020년 47.1%, 2030년 51.8% 늘어날 것으로 예상되고 있다. 서울의 경우 이미 2009년 말 기준 1~2인 가구 비중이 53.5%로 절반을 넘은 것으로 조사됐다.

지난 2007년 이후 부동산 경기 침체가 지속적으로 이어지면서 대체 투자 상품으로 안정적인 임대수익을 올릴 수 있는 수익형 부동산인 오피스텔에 대한 투자수요가 늘어났다.

또 소형 아파트값 강세에다 중소형을 중심으로 전세값 상승이 지속돼 전세난에 시달리는 세입자들이 대체 주거처를 오피스텔로 옮기는 움직임이 있어 임대수요가 증가한 것으로 분석하고 있다.

이처럼 오피스텔이 인기를 모으고 있는 근본적인 이유는 과잉공급에 따른 수요와 공급의 불균형이 있다는 것을 꼽을 수 있다. 이에 따라 과잉공급 논란이 인 것도 사실이다. 하지만 지역에 따라 수요에 비해 공급이 적은 곳이 있다. 바로 이곳이 눈여겨볼 투자처다.

시행사가 자금난으로 공사비를 오피스텔로 시공사에 대납하기도 하는데 이러한 물건(대물)이 매우 저렴하다. 여러 채 구입해 본격적인 임대사업을 벌이면 15%를 상회하는 수익률도 나올 수 있다.

가치 높은 오피스텔 고르다

투자가치가 높다는 것은 임대수익률이 보장되는 곳을 말한다. 그만큼 입지가 좋은 지역일수록 확률이 높다.

그렇다면 좋은 입지의 오피스텔은 어떻게 선별해서 투자해야 할까?

대표적인 곳이 바로 업무중심지, 대학가, 중심상업지역 등이다. 임대수요가 꾸준하거나 향후 임대수요가 늘어날 수 있는 곳이다.

이러한 입지에 있는 오피스텔은 공실률이 거의 없고 회전이 빨리 된다는 장점을 갖고 있다. 하지만 이곳은 이미 많은 자금을 보유하고 있는 회사나 투자전문가들이 점령하고 있는 것이 대부분이다.

그렇다고 실망할 필요는 없다. 자금사정이 넉넉지 못하더라도 최근 수년간 건설경기 악화로 인해 건설사들의 사정이 예전만 못한 것을 파고들면 오히려 기회로 만들 수 있다.

경기도 평택에 사는 자영업자 P씨의 사례가 좋은 예다. P씨는 구내식당을 운영하는 중소기업들을 대상으로 반찬을 만들어 납품하는 조그만한 공장을 운영하고 있었다. 그러다 경기도 평택시 일대에 산업단지가 조성되면서 그곳에 입주한 회사 몇 곳으로 거래처를 확대할 수 있게 됐다.

거래처가 늘자 P씨의 수입도 덩달아 늘었다. 이전까지 고정적인 수익에 안주했던 그도 생각보다 일이 잘 되자 재테크에 관심을 갖기 시작했다.

타이밍도 적절했다. 공장이 늘자 유동인구도 늘어났다. 업무와 주거가 동시에 가능한 오피스텔 건물들도 갑자기 증가했다. 2년 정도 지나자 상업지구의 면모를 갖춰갔다.

P씨의 첫 투자는 이쯤부터였다. 거래하던 업체가 자금사정이 어려워지자 보유하고 있던 오피스텔 몇 채가 경매에 나오게 됐다는 소식을 접하게 된 것이다.

그는 재테크 공부를 시작한 지 얼마 되지 않아 자신이 거주하고 있는 지역 가운데 경매를 전문으로 하는 중개업소를 자주 찾아갔다. 공부를 하다 보니 경매를 통한 수익이 제법 괜찮은 것은 알겠는데 자신이 직접 하기에는 혹시 모를 리스크가 클 것 같다는 생각에서다.

게다가 자신이 살고 있는 지역에서 벗어난 투자는 생각하지 않았기에 이왕이면 지역에서 오랫동안 운영된 사무실을 찾는 것도 고려했다. 지역 내에서 투자할 것이라면 당연히 지역 사정에 밝은 곳이 유리하기 때문이다.

P씨의 생각은 좋은 판단이었다. 거래업체가 경매로 내놓은 물건을 확인하고 평소 친분을 쌓은 경매전문가에게 조언을 구한 그는 시세보다 20% 저렴하게 낙찰받을 수 있었다.

P씨가 잡은 오피스텔은 보증금 2000만 원에 월 60만 원의 수익이 가능했다. 물론 보증금을 낮추면 그보다 더 받을 수 있다.

입찰 참여 전 해당 물건의 매물시세는 1억2000만 원으로 감정 평가는 이보다 1000만 원 가까이 낮게 감정돼 있었다.

P씨는 이후에도 경매를 통해 시세보다 저렴하게 나온 오피스텔 한 채를 더 낙찰받았다. 물론 처음 낙찰받은 오피스텔로 투자수익을 어느 정도 회복한 후에 사업수익을 합해서다.

P씨의 사례처럼 투자자금 회수를 위해 시세보다 저렴하게 내놓는 급매물로 투자를 시작하는 것도 결코 나쁘지 않다.

다만 앞서 얘기한 것처럼 임대수요가 꾸준한 입지 조건을 조금이라도 갖고 있거나 갈수록 조건이 나아질 수 있는 가능성이 높은 지역을 선별해 투자해야 한다.

지역에 있는 부동산 사무실을 찾아가면 누구보다 지역에 대한 정보를 자세히 얻을 수 있다. 처음부터 잘 하는 사람은 매우 드물다. 작은 시작을 통해 조금씩 오피스텔 투자에 대한 요령과 시각을 넓혀가는 것도 괜찮은 방법이다. 오피스텔 임대사업의 핵심 가운데 하나가 바로 선별적으로 투자하는 것이다.

임대수익률이 보장되는 곳은 투자가치가 높다. 무엇보다 중요한 것은 입지다. 업무중심지, 대학가, 중심상업지역 등은 임대수요가 꾸준하거나 향후 임대수요가 늘어날 수 있는 곳이다. 지역에 있는 부동산 사무실을 찾아가면 지역에 대한 정보를 자세히 얻을 수 있으나 선별적으로 투자하는 것이 핵심이다.

게스트하우스로 수익 창출하다

서울 압구정동에 사는 C(60)씨는 종로구 연지동 주변에 보유하고 있던 다가구주택의 공실이 늘어 고민이 많았다.

번화가 주변이라 입지는 좋았지만 건물이 낡아 지난해부터 부쩍 찾는 사람이 줄어들어서다. 그러던 차에 외국인 관광객이 늘면서 숙박업소가 부족하다는 얘기를 듣고 솔깃했다.

C씨가 리모델링의 승부수를 던진 것은 얼마 전이었다. 5층 건물 중 2개 층을 외국인 전용 게스트하우스로 바꾸는 작업이었다. 4000만여 원을 들여 내부 인테리어를 실시하는 한편 방 하나에 2층 침대 두 개를 놓아 4인이 쓰는 기숙사형과 1인 전용 방인 '프라이빗(private) 룸'을 꾸몄다. 1인당 하루 숙박비는 2만~4만 원으로 저렴한 편이지만 하루에 많게는 17명을 수용할 수 있는데다 주중을 포함해 공실이 거의 없어 임대수익이 두 배가량 뛰었다.

결과는 대만족이었다. 그는 홍보비용과 식비·인건비 등 월 200만 원의 유지·관리비 등을 제외해도 500만 원의 고정적인 수입을 거두고 있다.

이러한 추세는 K팝 등 한류열풍이 주도하고 있다. 이로 인해 서울을 찾는 관광객이 크게 늘면서 외국인 관광객들을 겨냥한 '게스트하우스'가 부유층에게 수익형 부동산의 틈새상품으로 주목받고 있다. 공급 과잉과 고분양가로 수익률이 점차 떨어지는 오피스텔 등 다른 월세형 상품보다 안정적인 수익률을 올릴 수 있다는 것이 장점이다. 숙박비가 1인당 하루 1만~5만 원 선으로 호텔보다 저렴해 주로 젊은 외국인 배낭여행객들이 많이 찾는다. 서울에서는 외국인 관광객이 많이 찾는 합정동·서교동·창천동(신촌·홍대) 일대와 종로, 남산 주변, 강남 일대에 100여 곳이 넘게 몰려 있다. 게스트하우스는 기존에 보유한 주택으로도 사업이 가능하다는 것이 큰 매력이다. 때문에 기존 투자자들의 관심이 점차 늘어나는 추세다.

정부가 '외국인 도시민박업' 조항을 신설해 올해부터 도시민박업소로 신고한 230㎡ 이하 아파트와 공동주택(다세대·다가구·연립주택) 등을 게스트하우스로 쓸 수 있도록 했다.

아파트·연립·다가구주택의 남는 방을 활용하거나 재개발 예정지의 주택·상가주택을 개조해 게스트하우스로 운영할 경우 단순 임대를 주는 것보다 두세 배가량 높은 수익을 올릴 수 있다.

실제로 서울 창천동에서 전용면적 150㎡짜리 단독주택을 3억2000만 원에 임대한 K(51)씨는 1억5000만 원을 투자해 침대 15개가 구비된 게스트하우스로 리모델링을 해 월 400만 원의 순수익을 올리고 있다. 침대 한 개당 하루 2만 원을 받아 월 900만 원의 수입을 거두고 임대운영비로 월 500만 원을 지출하면서 연 10.7% 짭짤한 수익률을 거두고 있다. 관광객 게스트하우스는 민박과는 달리 방 숫자보다는 침대의 수가 중요하다.

독립된 방의 숙박비는 도심권 기준, 1박에 6만 원 수준이다. 반면 침대는 1대당 2만~3만 원까지 받을 수 있다.

서울을 찾는 관광객이 크게 늘면서 외국인 관광객들을 겨냥한 '게스트하우스'가 부유층에게 수익형 부동산의 틈새상품으로 주목받고 있다. 장점으로는 공급과잉과 고분양가로 수익률이 점차 떨어지는 오피스텔 등 다른 월세형 상품보다 안정적인 수익률을 올릴 수 있다는 사실을 꼽을 수 있다.

대학가서 연 8% 고정수익 챙기다

서울 성북구 안암동에 오래된 단독주택을 소유하고 있던 W(60)씨는 낡은 집이 살기 불편하다고 느꼈지만 낯선 곳으로 이사를 가기는 꺼려졌다. 결국 최상층에 주인이 살 수 있게 설계한 도시형 생활주택을 짓기로 했다.

때마침 2012년 4월부터 원룸형 도시형 생활주택과 50㎡를 초과하는 일반주택 1가구를 같은 건축물에 지을 수 있게 돼 그는 살던 곳을 떠나지 않고도 거주하면서 임대수익을 올릴 수 있게 됐다.

원룸은 22가구를 지었고 옥상에는 정원을 꾸몄다. 공사비로는 총 10억 원을 썼다. 이 건물의 총 보증금은 2억3000만 원, 매달 나오는 월세는 1225만 원이다. 건축비에서 보증금을 뺀 실투자금액 대비 수익률은 21.3%나 된다.

도시형 생활주택은 300가구 미만의 국민주택규모(전용 85㎡이하) 공동주택으로 단지형 다세대, 원룸형 등으로 지을 수 있다. 정부가 도시형 생활주택을 도입한 것은 1~2인 가구를 위한 주택 공급을 늘리기 위해서다.

사업기간이 10개월에서 1년 6개월 정도로 짧아 지난해 전세난의 대안으로 급부상했다. 그러자 대기업이 나서 아파트 못지않은 커뮤니티 시설을 갖춘 도시형 생활주택을 짓기도 하고 리츠를 통한 도시형 생활주택 투자도 늘어났다.

도시형 생활주택은 자기 소유의 땅에 건물을 지을 경우 연 20%에 달하는 수익을 내는 경우도 있지만 분양을 받는다면 서울 기준 연 7-9%의 수익률을 기대할 수 있다.

실제로 원룸형 주택건립이 추진되고 있는 서울 마포의 한 주택의 경우 232㎡는 기존법을 적용해 다세대주택을 지을 경우 8가구밖에 지을 수 없지만 원룸형 도시형 생활주택으로 짓는다면 24가구를 지을 수 있다. 가구수 증가는 임대수익률 상승으로 연결된다는 것은 상식이다. 다세대주택일 때는 연 4.9%가량을 기대할 수 있지만 원룸형은 10.09%까지 올릴 수 있다.

실제로 요즘 서울 · 수도권 일대 아파트 전세값이 상승하면서 젊은 직장인과 신혼부부 등을 중심으로 소형 도시형 생활주택을 찾는 수요가 많아졌다.

전 · 월세 수요가 꾸준한 역세권과 대학가의 원룸도 눈여겨볼 만하다. 요즘에는 대학생뿐 아니라 독신 직장인과 신혼부부들도 원룸을 많이 찾는다.

그러나 초반 도시형 생활주택 투자 붐으로 인한 초과공급이 공실 증가로 이어져 점점 찬밥신세로 전락하고 있다.

2010년 약 2만세대였던 도시형 생활주택의 인허가 규모는 2011년 약 7만세대로 3.5배나 급성장했다. 공급자 입장에서 높은 수익을 기대할 수 있다 보니 공급과잉을 초래한 것이다.

2009년 2월 정부의 주택법 시행령 개정으로 도시형 생활주택에 대한 각종 세제 및 대출 혜택을 제공했지만 이 같은 과잉공급에 따라 소규모 사업자는 물론 대형 건설사들도 사업에서 손을 떼고 있는 실정이다.

일반적으로 다세대주택은 주차 한 대 또는 최소 세대당 0.5대까지 가능하지만 도시형 생활주택의 경우 전용면적 60㎡당 1대였다. 준주거지역은 전용면적 120㎡당 1대다.

하지만 1세대당 1대로 설치기준이 바뀌었으며 향후 30㎡미만은 가구당 0.5대, 30~50㎡는 0.6대를 설치해야 한다. 다시 말해 그만큼 확보해야 하는 땅이 더 많아진 셈이다.

사업성이 떨어지면서 공급이 급격히 줄어들어 수익률이 좋고 공실에 대한 우려가 없는 도시형 생활주택도 투자하기 좋은 소액투자 상품으로 꼼꼼히 체크해 볼 필요가 있다.

도시형 생활주택은 300가구 미만의 국민주택규모(전용 85㎡이하) 공동주택으로 단지형 다세대, 원룸형 등으로 지을 수 있다. 도시형 생활주택은 자기소유의 땅에 건물을 지을 경우 연 20%에 달하는 수익을 내는 경우도 있지만 토지를 매입해 신축하면 서울 기준 연 7~9%의 수익률을 기대할 수 있다.

수익률 '두 자리대'를 창출시키다

3층 단독주택을 소유하고 있는 서울 회기동에 거주하는 H(59)씨는 주차장과 임대용으로 사용하던 1층 공간을 개조해 원룸 임대용으로 만들었다.

H씨는 25년째 이 집에서 살았고 자녀들도 출가시켰다. 정이 든 집이지만 너무 오래돼 겨울에는 춥고 여름에는 더웠다. 겉은 멀쩡했지만 기둥이나 벽이 안전한 것인지 걱정이 됐다.

방 3개에 주방과 화장실이 딸린 독립세대 임대용 공간이었지만 전철역이 멀고 상권이 형성되지 않아 임대가 잘 나가지 않았다. 그러던 차에 세를 주던 1층 공간이 너무 오래 비어 이를 활용하고 싶어 전문가에게 의뢰했다.

필자는 H씨의 집을 방문해 이모저모 유심히 살펴봤다. 조용한 주택가에 위치해 주거환경은 나쁘지 않지만 지하철 1호선 회기역에서 마을버스를 타고 10분 정도 들어가야 그의 집에 도착했다.

H씨의 집은 인근 대학가 근처에 위치해 있어 원룸 수요가 꾸준한 지역이다. 대학가 인근의 풍경처럼 집이나 분식점, 서점 등 학생 유치시설

이 많다.

컨설팅 결과 학생 대상 원룸 임대가 적합하다고 판단했다. 교통조건은 나쁘지만 대학교 바로 앞이기 때문에 원룸 임대로는 탁월한 조건을 갖췄다. 인근에 대학교도 2개나 있어 독립세대 전용 임대공간을 원룸용으로 바꾼 것은 당연했다.

임대평형이 작을수록 단위면적당 임대가는 높아지고 원룸은 대부분 월세로 받을 수 있기 때문에 저금리 시대에 가장 각광받는 투자처다.

H씨의 집처럼 학생 밀집지역이라면 가족을 대상으로 한 임대는 잘 나가지 않기 마련이다. 게다가 요즘에는 돈이 좀 들더라도 독립생활을 선호하므로 투룸보다 원룸이 적합하다. 대학생을 대상으로 한 원룸은 7평에서 9평이 적당하다. 너무 넓으면 비용부담이 커지고 수익률도 떨어지기 때문이다.

1층에 원룸 4실을 만들었다. 기존 임대공간과 주차장을 합하자 36평이 됐다. 각 방에 붙박이장을 넣고 일자형 싱크대를 놓았다. 원룸은 수납공간이 절대 부족하므로 이를 보완하면 임대율을 높일 수 있다.

주차공간은 대문이 있던 자리에 만들고 대문은 옆으로 옮겼다. 이에 따라 계단 위치도 바꾸었다. 경사를 좀 더 완만하게 하고 난간도 달았다.

2층과 3층은 기존의 지나치게 넓던 베란다 공간을 실내공간으로 편입했다. 빨래 건조대와 화분 몇 개만 두고 비워 두었던 공간을 전용면적으로 만들어 실내가 훨씬 넓어졌다. 1억 원이 조금 넘는 비용을 들여 리모델링을 마치고 모두 전용면적 8평짜리로 만들었다.

그는 현재 보증금 500만 원에 월 40~50만 원의 수익을 거두고 있다. 1년이면 2400만 원이라는 적지 않은 수익이 생기는 셈이다. 실제 H씨는 매달 짭짤한 월세수익을 거두면서 두 자리대 수익률을 기록하고 있다.

임대평형이 작을수록 단위면적당 임대가는 높아지고 원룸은 대부분 월세로 받을 수 있기 때문에 저금리 시대에 가장 각광받는 투자처다. 대학생을 대상으로 한 원룸은 7평에서 9평이 적당하다. 너무 넓으면 비용부담이 커지고 수익률도 떨어진다.

리모델링 후 수익률 50% 달성하다

대전에서 L(50)씨는 3년 전 보증금 5억 원에 객실 45실의 모텔을 임대했다. 경험은 많지 않지만 오랜 준비 끝에 임차 후 1년이 지난 시점에서 월 매출 5800만여 원을 달성하고 있다.

L씨는 2년 후 경기도 파주에 있는 60여 객실을 완비한 또 다른 모텔도 임대했다. 월 매출은 4000만 원 수준이다.

2년간의 모텔 운영경험이 있는 그는 1년이 지난 현재 월 매출 6500만여 원을 달성하고 있다.

L씨와 같은 시기부터 경기도 장흥에 위치한 한 모텔을 임차해 운영하고 있는 K(51)씨는 보증금 7억 원에 월 매출 6000~7000만 원을 올리고 있다. 구입 초기, 지은 지 5년이 된 모텔이라 그리 오래된 느낌이 없었지만 7년째 접어들면서 손님이 조금씩 떨어지는 것 같았다. 그래서 리모델링을 했다.

지금의 매출은 리모델링을 마친 후다. 월 매출이 4000만 원까지 떨어지는 것 같아 새롭게 꾸몄다. 인근 지역 경쟁 모텔들도 비슷한 시점에 리모델링을 단행했다.

매출은 다시 6000만 원대로 회복했고 1개월 전 재임대를 통해 연 수익률을 50%나 달성하고 있다.

중저가 숙박업소의 대표주자인 모텔이 이제 시설경쟁, 가격경쟁만이 아닌 또 다른 능력을 요구하고 있다. 아무리 좋은 시설을 갖추고 있다고 해도 누가 운영하느냐, 어떻게 경영하느냐에 따라 매출이 달라지고 수익률이 달라진다.

전주의 한 모텔은 객실 30실로 청소직원 1명, 직영인원 2명으로 월매출 2000만 원이며 기름보일러의 난방시설임에도 불구하고 월 순수익 1000만 원 이상을 달성하고 있다.

반면 경기도 부천의 또 다른 모텔은 객실 26실, 도시가스난방으로 월매출 2300만여 원으로 주인 대신 직원에게 맡겨 운영 중이다. 카운터운영자가 운영하여 직영하는 소유자에게 월 순익이 300만 원 남짓이다.

실제 전북 전주에 있는 모텔은 월 총지출이 융자금 3억 원에 대한 이자를 포함하여 900만여 원이며 총투자금액은 4억 원으로 월 25%의 수익률을 달성하고 있다.

반면 경기도 부천의 모텔은 융자금 12억 원의 이자 850만여 원을 포함해 2000만여 원의 지출이 발생해 총투자금액 5억5000만 원으로 월 5.4%의 수익률로 만족하고 있다.

일반적으로 월 매출 4000만 원 이상의 매출을 달성하는 모텔의 경우 월 매출 대비 약 30%선을 유지하는 것이 보통이다. 월 매출 1억 원을 달성하는 모텔의 경우 직원은 9~10명을 고용하게 되고 냉난방 비용으로 약 500~600만 원을 사용한다.

이때 총지출은 4000만여 원이 발생하게 되며 월매출 대비 약 30%의 지출이 발생한다. 이는 융자금에 대한 이자는 제외한 지출액이다. 월수익은 융자금의 발생이나 시설투자가 없다면 월 6000만여 원이 가능할 수도 있다는 것이다.

그런데 이런 규모의 숙박업소의 경우 융자금이 약 35~40억 원 정도 발생시킨 경우가 많아 월이자 부담액은 연 7.3%이라면 약 2400만여 원을 부담하게 된다. 이자액을 제외하면 월순익은 약 3600만여 원을 달성하게 된다.

경기도 수원의 한 호텔은 직원이 운영하고 있는데 최근 리모델링을 마치고 월매출 5000만여 원을 달성하고 있다. 이곳의 직원은 총 6명으로 월 지출 총액이 2200만여 원이다. 이는 리모델링 후 하자가 많아 하자보수비용이 추가로 발생하면서 월 매출대비 지출총액이 50%에 이르게 되었기 때문이다.

필자는 모텔운영에 운영자의 능력이 발휘되는 경우를 많이 봤다. 어떤 운영자는 프론트를 지키며 손님이 오기만을 기다리고 어떤 운영자는 불러들이는 적극적인 마케팅을 한다.

모텔의 운영이 매출을 올리는 것이 우선이지만 지출을 잘 관리하여 영업수익률을 극대화시키려는 노력이 있어야 한다. 모텔은 경영관리시스템의 도입과 실행이다.

모텔을 소유하여 운영하든, 임대로 운영하든 영업 전략이 필요하다. 모텔의 투자시에도 부동산가치뿐만이 아니라 운영가치에 대한 평가를 해야 한다.

모텔의 영업력을 키우기 위해서는 최우선적으로 시설경쟁력을 갖추는 것이 필수이다. 그렇다고 시설투자만으로 경쟁력을 갖췄다고 할 수는 없다.

영업전략 또한 수입을 증가시킬 수 있는 요인이라고 할 수 있겠다.

별장 사용하면서 임대수익도 챙기다

10여 년 동안 호텔에 식자재를 납품하고 있는 업체를 운영 중인 K(55) 씨는 얼마 전부터 비즈니스호텔에 투자하고 있다.

업무상 호텔 방문을 자주 하게 되는 그는 외국인 관광객이 갈수록 증가하고 있는데 비해 이들을 수용할 수 있는 숙박시설이 부족한 실정이라는 것을 잘 알고 있었다.

그러다 자신의 회사의 새로운 고객이 된 한 비즈니스호텔을 방문했다가 새로운 사실을 알게 됐다. 그가 알아낸 사실은 원래 이곳이 오피스빌딩이었으나 공실률로 고민하던 건물주가 비즈니스호텔로 개조해 영업을 하고 있다는 것과 이후 외국인 관광객들이 늘어나면서 한창 성업을 하고 있다는 사실이었다.

K씨는 이 같은 사실을 알고 난 후부터 비즈니스호텔에 투자하기 위해 저녁때마다 발품을 팔기도 했다. 실제 투자 물건을 확인하기 위해서였다.

사실 비즈니스호텔은 여타 부동산과 달리 낮보다 밤늦게 봐야 정확히 객실 가동률 등 영업현황을 파악할 수 있다. 그는 이 점을 잘 알고 확인 작업을 했던 것이다.

그러던 중 경기도 하남시에 있는 한 건물이 K씨의 눈에 띄었다. 한강에서 그리 멀지 않은 곳에 위치해 입지도 그런대로 괜찮았고 서울 강남에서 차로 20분 내외 거리에 있어 입지여건도 괜찮다고 생각했다.

이곳은 10여 년 전 건물주가 직접 호텔을 건축해 운영하고 있었는데 1층은 편의점과 한식당을 운영중이었다. 지상 2층부터 5층까지 비즈니스 호텔을 운영하고 있었지만 외관상 지은 지 너무 오래돼 리모델링이 필요해 보였다.

저녁이면 사람의 발길이 거의 없는데다 가까운 곳에 경쟁업소들이 리모델링을 하면서 기존에 제법 단골이었던 손님도 발길이 점점 줄어들고 있었다.

K씨는 꼼꼼히 살핀 후 이곳에 투자하기로 결정했다. 일단 자신의 회사가 납품하는 호텔 직원들에게 자세한 내용을 묻고 방법을 모색했다. 친한 사람은 세부적인 영업 노하우까지 그에게 알려주기도 했다.

1층의 편의점과 한식당은 그대로 뒀다. 나름 생각이 있어서다. 모든 작업을 마치고 호텔을 오픈했지만 처음 1~2개월은 큰 수익을 내지 못했다. K씨는 그래도 당황하지 않았다. 처음 하는 분야라 익숙해지는데 조금 시간이 걸릴 것이라 이에 대한 대비를 한 터였다.

3개월이 지나면서 점점 공실률을 줄여가고 있었다. 그의 식자재 납품 거래처에서 방이 없을 때 한두 팀씩 연결해 준 덕분이다. 물론 여기에 의지하기 위해 투자한 것은 아니다.

K씨가 처음 비즈니스호텔에 투자하겠다고 한 데에는 식자재를 납품하던 거래처(비즈니스호텔)를 통한 어느 정도의 도움은 예상했다. 서울의

호텔은 객실 예약이 꽉 차는 경우가 종종 있어 이런 경우 차선책이 필요했기 때문이다.

이에 착안한 그는 한두 팀씩 소개로 자신의 호텔에 찾아오는 외국인 손님들에게 최선을 다했다. 1층의 편의점과 한식당은 이러한 그의 든든한 도우미 역할도 했다. 한류 덕에 한국을 찾아왔기 때문에 숙박과 함께 한국의 음식을 맛보여 주는 것도 K씨의 호텔을 알리는 좋은 방법 가운데 하나라고 생각했다.

일반적으로 비즈니스호텔에 한식당까지 겸하는 경우는 거의 없다. 특히 대형 호텔처럼 식당을 별도로 운영하지 않을 바에는 차라리 조금 외각이라도 조용하고 여유 있는 시간을 제공하는 비즈니스호텔이 더 메리트가 있다고 생각했다.

그의 호텔은 이제 여행사에서도 먼저 예약을 할 정도로 제법 알려졌다. 복잡한 도심에 있는 그저 그런 비즈니스호텔보다 조용하고 공기 좋은 위치에 있기 때문에 관광객들도 더 선호한다는 것이 이유다.

K씨는 현재 예전 거래업체와 네트워크를 형성해 서로 윈-윈하며 성업 중이다. 게다가 자신을 도와준 거래업체(비즈니스호텔) 직원들이 주말이면 쉬러 내려올 수 있는 별장 형식의 방도 꾸며 놨다. 이곳은 가끔 본인과 가족들의 별장으로도 사용하고 있다.

서비스드레지던스로 고정수익 만들다

직장인 L(48)씨는 최근 출장차 경기도 수원 소재 체류형 숙박시설인 서비스드레지던스를 찾았다가 깜짝 놀랐다. 같은 층 안에 일부 방은 오피스텔로, 나머지는 호텔로 사용하고 있었기 때문이다. 애초 오피스텔로 분양된 건물 일부를 일본계 호텔 체인이 위탁경영 계약을 맺고, 서비스드레지던스 호텔로 운영하는 것이다.

그는 여느 호텔과 비교해도 시설 측면에서 부족함이 없었다면서 하루 숙박비가 최소 8만~9만 원 선이어서 전세로 내놓는 것보다 수익률이 짭짤하다는 얘기를 들었다고 설명했다. 부동산시장 불황으로 아파트, 오피스텔, 상가 등이 일제히 맥을 추지 못하자 호텔이 새로운 수익형 상품으로 떠오르고 있다. 객실별로 일반 투자자를 모집하되 위탁관리 전문업체가 일괄 운영하고, 수익을 소유자에게 돌려주는 호텔도 속속 등장하고 있다.

일명 서비스드레지던스(Serviced Residence)가 그것이다. 이는 호텔의 서비스와 주거공간이 결합된 주거 형태로 싱가포르, 런던 등과 같이 외국인의 왕래가 잦은 도시에서 발달했다.

하루 객실료가 수십만 원에 달하는 호텔과 달리 땅값이 가장 비싼 서울 강남의 서비스드레지던스 일일 평균 숙박비는 12~13만 원에 불과해 경쟁력까지 갖췄다. 평창 동계올림픽을 겨냥해 지은 강원도 평창군의 한 서비스드레지던스가 대표적인 사례다. 호실별로 투자자에게 소유권을 넘겨주고 전실을 위탁·관리하는 운영업체가 수익금을 배분한다. 평창올림픽을 전후해 관광 수요가 크게 늘 것으로 예상하고 호텔 분양을 개시한 것이다.

강원도 정선군 인근도 마찬가지다. 이러한 곳들은 1억~1억5000만 원 안팎을 투자해 3년간 연 7~8% 수익률을 낼 수 있다는 조건을 내세워 투자자를 모으는 것이 대부분이다.

한국을 찾는 관광객이 꾸준히 늘어날 것으로 예상돼 호텔이 새로운 수익형 부동산으로 급부상하고 있다. 무엇보다 공실에 따른 관리비, 부동산중개수수료 등 부대비용을 신경 쓰지 않아도 되는 편리함 때문에 호텔 투자에 대한 관심이 커지고 있다.

덕분에 오피스텔을 호텔로 이용하려는 움직임도 점차 확산되고 있다. 최근 부산 해운대에 완공한 대형 건설사의 오피스텔도 이와 같은 경우다.

건설회사가 완공 이후 오피스텔을 호텔로 이용할 경우 적당한 위탁관리업체를 선정해 일괄 관리하겠다는 조건까지 내걸면서 투자를 노리던 사람들이 몰려 청약경쟁률이 무려 2043:1을 기록했다. 인근의 해수욕장과도 불과 100여m 안팎의 거리여서 호텔로 이용할 경우 수익률이 매우 높을 것이라는 기대감이 컸다.

특히 전세 명목으로 2~3년 임대를 놓든지, 이를 호텔로 돌려 1~2일 숙박용도로 제공하든지 어차피 '집을 빌려 준다'는 개념엔 차이가 없어 오피스텔 전용에 따른 법적 문제도 없다.

서비스드레지던스는 관광객을 비롯해 해외바이어, 직장인, 유학생 등의 다양한 수요층을 흡수할 수 있어 미래가치도 매우 밝다. 다만 투자를 생각하고 있다면 오피스텔과 마찬가지로 대중교통 접근성이 좋고 유동인구가 많은 지역을 중심으로 투자하는 것이 바람직하다.

오피스텔 1채보다 빌라 4채가 좋다

주부 H(50)씨는 자신 소유의 서울 송파구 잠실에 거주하고 있었다. 글로벌 금융위기가 발생하고 경기침체가 이어지자 아파트값이 급락한 시점을 투자 시점으로 보고 인근지역 대형 평형의 아파트를 매입했다.

약 10억 원 정도를 주고 공급면적 기준 175m²(53평형)를 구입한 그녀는 아파트 2채를 소유하게 됐다. 당시 자신의 돈 3억 원 외에 부족한 7억 원은 은행융자와 전세로 메웠다.

H씨가 대형 아파트를 구입한 데에는 나름 이유가 있었다. 금융위기 직후 아파트 가격이 바닥을 찍었고 침체된 주택시장을 살리기 위해 정부가 나서 부양정책을 펼치고 있었기 때문이다.

그녀의 예상은 적중했다. 아파트 가격은 순식간에 매매 시점보다 3억 원 이상 상승했다. 하지만 거기까지였다. 단발성 부양책이 장기불황을 뚫고 주택가격 상승을 견인하기에는 턱없이 부족했다. 설상가상으로 경기 침체가 지속되면서 남편이 운영하던 음식점 매출까지 하락했다.

H씨는 더 이상 투자한 아파트를 유지할 수 없다고 판단하고 부동산중개업소에 급매물로 내놨다. 그리고는 9억7500만 원을 받고 팔았다. 전세금

을 빼주고 융자를 갚았더니 투자원금 중 2억7000만 원을 회수했다. 3000만 여 원의 손실을 본 셈이다.

H씨는 이런저런 고민 끝에 필자를 찾아와 현재 자신이 생각하고 있는 투자처에 대한 조언을 구했다.

필자는 일단 불황이 길어지면서 점포에 투자하는 것은 좋은 방법이 아니었고 또 서울 강남의 인근 오피스텔보다는 방 2개짜리 신축빌라를, 그것도 급매물을 잡아 공략하라고 권유했다. 그녀의 경우 일반 오피스텔이나 도시형 생활주택에 투자해 수익을 올리기보다는 신축빌라(투룸)에 투자하는 것이 좋다고 판단했기 때문이다.

H씨는 필자의 권유에 따라 방 2개짜리 급매물 신축 빌라를 공략 대상으로 삼았다. 투자처도 인근지역의 비슷한 물건으로 나눴다. 빌라 4채를 매입하는데 투자한 비용은 총 2억6000만 원이었다. 빌라 1채당 1억5000만 원 내외였다.

총 매수가격 6억 원 중 본인자금과 보증금(1억 원)을 제외한 은행대출 비용은 2억4000만 원이었다. 세입자(임차인)를 들인 후 받는 임대료는 280만 원이었다.

은행에서 대출한 2억4000만 원에 대한 이자비용을 제외하고 실질 소득은 170만 원으로 연간 수익률은 8%대였다.

H씨의 경우처럼 최적의 포트폴리오를 위해 다양하고 철저한 조사는 필수다. 단순하게 수익형 부동산에 투자해 연간 5-6%의 수익을 얻기보다는 다소 번거롭더라도 선택의 폭을 넓힌다면 최대의 수익률을 올릴 수 있다.

게다가 급하게 목돈이 필요할 경우 현금 유동성이 높다. 빌라 1채 정도

는 급매 처분하거나 전세로 전환해 필요한 자금을 유용할 수 있기 때문
이다.

이처럼 소액을 투자하면 수익률을 극대화할 수 있으며 가계에 리스크
가 발생할 때도 빠르게 대처할 수 있다. 투자할 때는 다양한 가능성 중에
하나를 선택할 수 있도록 모든 가능성을 열어두어야 한다.

부동산은 움직이지 않지만 자금은 유동적이다. 또 자기가 움직일 수 있
는 유동성을 항상 인식하고 있어야 한다. 수익률을 더 높이려고 무리하
게 자금을 끌어들이는 것은 금물이다. 임대사업의 특성상 역세권 위주
임대수요자와 그 지역에서 통용될 수 있는 임대시세 등을 먼저 조사하
고 투자를 하는 것이 유리하다.

월 1000만 원의 임대수익을 내다

대기업에 근무하다 1년 전에 은퇴한 K(58)씨는 서울 종로에 위치한 자신의 집을 리모델링해 외국인을 대상으로 임대사업을 시작했다. 작은 카페를 운영하기 위해 임대물건을 찾던 중 외국인 관광객의 수가 늘어나고 있다는 소식을 접하고 이 같은 결정을 내린 것이다.

그의 판단은 빠르고 정확했다. 8000만 원의 리모델링 비용이 들었지만 현재 월 1000만 원의 임대수익을 내고 있다.

최근 외국인 관광객 1000만 명 시대를 맞아 이들을 대상으로 한 주택임대사업이 새로운 아이템으로 급부상하고 있다. 한류바람을 타고 외국인 관광객들이 지속적으로 늘어나고 있는데다 소액으로 투자가 가능해 오피스텔보다 안정적인 수익률을 올릴 수 있다는 장점 때문이다. 사실 오피스텔 수익률은 최근 4~5% 수준에 머물고 있다. 반면 외국인 민박용 게스트하우스는 평균 10% 이상의 수익률을 올릴 수 있다.

외국인 민박용 게스트하우스란 외국인 관광객들을 대상으로 한 기숙사형 임대, 숙박업소를 뜻하는 외국인용 민박사업이다. 한 방에 2층 침대를 여러 개 놓고 주방과 화장실 등은 공동으로 쓰는 구조가 일반적이다.

민박용 게스트하우스는 살던 집을 개조하거나 단독 또는 다세대주택 등을 임차해 리모델링해 다시 외국인들에게 임대하는 방식으로도 가능하다.

주택을 임차해 사업을 할 경우에는 서울 종로구 구기동 단독주택 전용 150㎡기준 전세가 3억 원 정도인 것을 감안하면 3억 원 내에서 투자할 수 있다.

수년 동안 오피스텔이 높은 인기를 얻고 있다 보니 분양가는 높은데 반해 공급과잉으로 임대수익률이 조금씩 떨어지고 있다. 그러나 외국인 임대사업은 매년 증가하고 있는 수요와 높은 수익률로 틈새 주택임대사업으로 발 빠른 투자자들에게 인기를 끌고 있는 추세다.

외국인 렌탈 주택은 크게 고급과 민박용 게스트하우스 등 크게 둘로 나눌 수 있다. 한류가 지속되고 있어 민박용 게스트하우스의 인기는 이미 익히 알려져 있는 상태다. 이에 비해 외국계 바이어나 VIP고객을 위한 고급 게스트하우스는 최근 들어 성황을 이루고 있다.

실제 서울 용산구에 있는 한 고급 렌탈하우스는 주가를 한창 높이고 있다. 고급 주거복합단지 내에 있다는 프리미엄에다 지리적 입지요건이 좋아 지방과 공항 등 어디로든 이동이 편리하다는 이유에서다. 여기에 외국계 IT와 선박회사 바이어를 위한 렌트로도 활용되고 있다.

외국인 렌탈 주택이 뜨고 있는 것은 수요 증가의 원인이 가장 크다. 과거 주한미군, 외교관 등 한정적이던 수요도 최근 국내 체류 외국인이 140만 명을 넘으면서 기업체 종사자, 유학생 등으로 다양해진 것도 이유다. 임대주택사업 요건 완화, 수익형 부동산 인기 등의 영향도 있다.이러한 외국인 렌탈하우스는 높은 월세로 인해 큰 임대수익도 가능하다. 전용

181㎡ 이상 되는 물량은 월세 800만 원 대도 무난히 받을 수 있다. 1년이면 1억 원의 수익이다. 일례로 서울의 한남동과 원효로의 몇몇 외국인 렌탈하우스는 이미 월세 1000만 원이 넘어선 곳도 있다. 다른 지역도 월 임대료가 800만~900만 원에 달하는 곳도 적지 않다.

이들 외국인을 상대로 한 렌탈하우스는 월세를 보통 1년치로 계산해 한 번에 받기 때문에 부동산 침체기에도 목돈을 쥘 수 있다. 특히 외국계 기업의 증가와 국내기업의 글로벌화에 따라 고급 임대수요가 증가하고 있어 투자 안정성도 확보한다는 메리트도 있다.

외국인 민박용 게스트하우스란 외국인 관광객들을 대상으로 한 기숙사형 임대, 숙박업소를 뜻한다. 한 방에 2층 침대를 여러 개 놓고 주방과 화장실 등은 공동으로 쓰는 구조가 일반적이다. 현재 오피스텔 수익률은 4~5% 수준에 머물고 있는 반면 외국인 민박용 게스트하우스는 평균 10% 이상의 수익률을 올릴 수 있다.

근린상가로 연 10% 이상 수익 챙기다

지난 2010년 경기도 동탄신도시 상업지역에 신축 분양상가 1, 2층을 매입한 L(41)씨는 상가 투자로 짭짤한 재미를 보고 있다. 상가 1층은 82.6㎡(실면적 49.5㎡)으로, 매입가는 7억 원(3.3㎡당 2800만원) 정도였다.

그는 매입한 1층 점포에 2층 상가 분양가가 3.3㎡당 1100만 원으로 비교적 저렴하다고 판단하고 138.8㎡(실면적 89.2㎡)짜리 2층 점포를 추가로 계약했다. 총 11억6200만 원(취득·등록세 등 부대비용 제외)을 들여 한 건물 내 두 점포에 투자한 것이다.

한창 커피프랜차이즈 매장이 인기를 끌던 때라 한 업체에서 점포 1층과 2층을 사용하겠다는 제안을 했다.

L씨는 현재 상가 임대료로 보증금 3억 원에 월 800만 원을 받으며 연 11%의 수익을 올리고 있다. 뿐만 아니다. 상가에 프리미엄이 붙어 1층과 2층은 현재 총 14억 원을 호가한다. 그의 투자 성공요인으로는 경기에 영향을 덜 받는 중심상업지 광장 옆 근린상가를 선택한 점과 1층과 2층을 동시에 활용하려는 유명 브랜드 전문점의 수요 예측을 꼽을 수 있다.

L씨와 같은 성공사례는 또 있다. 금융기관에서 20년 근무하다 퇴직한

P(53)씨가 그 주인공이다. 그는 은퇴자금으로 서울 구로구 구로디지털단지 아파트형 공장지원 시설 안에 있는 구내식당(독점)을 분양받았다.

아파트형 공장규모는 지하2층~지상12층, 연면적 2만9815㎡로 분양받은 구내식당 분양면적은 785㎡, 전용면적 471㎡이었다. 부가가치세를 고려하지 않은 분양가는 10억8000만 원(3.3㎡당 450만 원)이었으며 대출은 분양가의 50%선인 5억4000만 원을 받았다.

실투자금은 분양가에서 대출과 보증금(2억 원, 월세 600만 원)을 차감한 3억4000만 원이었다. 금리를 연 7%로 가정할 경우 월 대출이자를 제외한 나머지(300만 원대)를 벌고 있어 임대수익률이 약 10%대다.

P씨의 상가투자 성공요인은 연면적 3만여㎡에 이르는 아파트형 공장에 상주인원만 1500여 명이라는 풍부한 수요를 노린 점과 그들을 독점할 수 있는 구내식당을 공략했다는 사실이다.

은퇴 후 노후 생활을 즐기고 있는 J(56)씨도 성공사례로 꼽을 수 있다. J씨는 약 2년 전 개인사정상 '급매물'로 나온 오피스텔을 매입한 후 임대를 놓아 짭짤한 수익을 올리고 있다. 오피스텔 임대를 통한 그의 연 수익률은 무려 연 10% 이상을 웃돈다.

그는 카페 동우회 회원의 소개로 2010년 3월 경기도 의정부 역세권 인근 89㎡대 오피스텔을 분양가(1억3000만 원) 대비 20% 할인된 가격에 급매로 사들였다.

J씨가 오피스텔 구입을 위해 은행에서 대출한 자금은 총 4160만 원(매입금액 40%)으로 한해 대출이자는 5.5%, 연간 228만 원이다. 그의 경우 초기투입자금이 낮다보니 당연히 수익률은 높다. J씨는 구입한 오피스텔을 임대보증금 1000만 원, 월 임대료 75만 원에 세를 줬다.

그가 종합소득세와 부가가치세 10%를 포함해 내는 세금은 연간 약 50만 원으로 이를 계산해 보면 세후 이익금이 연간 620만 원에 달한다. 연 수익률이 무려 11.8%에 달하는 것이다.

게다가 2년 동안 오피스텔 매매가도 4000만 원 가까이 상승해 매각 시 취·등록세와 양도세, 중개수수료 부담을 감안하더라도 약 2000만 원의 시세차익까지 누릴 수 있게 됐다.

J씨의 성공노하우는 바로 매입가다. 그는 급매물 전문 카페에 가입한 후 발 빠른 정보를 취득해 이 같은 수익을 올리고 있는 것이다. 만약 그가 제 가격에 매물을 사들였다면 그의 연 수익률은 7.9%로 급격히 낮아졌을 것이다.

세전수익률 연 10.9%를 만들어내다

경기도 분당 정자동 한 오피스빌딩은 현재 세전 수익률 10.9%를 올리고 있다. 10층 사무실인 이곳은 분양면적 89.1㎡에 전용면적 49.5㎡, 준공된 지 4년이 넘은 곳으로 준공 당시 미분양 사무실이었다.

당시 가격은 1억2000만 원으로 이제 곧 5년째를 맞이하게 된다. 현재 이곳 사무실은 보증금 1000만 원에 월 임대료 100만 원을 받고 있다.

사실 4년 전 이 사무실의 임대료는 70만~80만 원 정도였다. 하지만 매년 5만~10만 원씩 올라 지금 100만 원 수준에 이르게 된 것이다.

임대료가 상승하고 있지만 주변 매물이 없어 사무실을 구하려는 세입자들의 문의가 꾸준히 이어지고 있는 분위기다. 미분양으로 애물단지였던 오피스가 5년 후 10%라는 고수익률을 달성할 수 있었던 이유는 희귀면적에 기인한다.

실제 이곳의 해당 면적이 차지하는 비율은 10%밖에 되지 않는다. 상대적으로 희소성이 있다. 전체 235실 중 89.1㎡은 24실로(10층에만 위치) 지금은 이곳 시장에서 희귀면적이 됐다.

세입자들이 소형 사무실을 선호하는 데에는 내실 있는 회사임에도 직원 수가 많지 않은 경우 사용하기에 편리하기 때문이다.

게다가 관리비까지 저렴하다는 장점이 있다.

규모가 조금 큰 135.3㎡(전용72.6㎡)는 매달 평균 25만 원 정도의 관리비가 나오는 반면 89.1㎡는 15만 원으로 관리비만 10만 원을 더 아낄 수 있다.

3~10층이 사무실로 채워져 있지만 10층에만 서비스 면적인 테라스가 설치돼 있어 알토란 같은 공간으로 이용할 수 있다는 점도 플러스 요인이다. 사무실 밖으로 4.95㎡ 크기의 테라스가 나 있어 사무공간 외에 휴식공간으로 애용되고 있다.

이곳을 일터로 이용하는 직원들의 만족도도 높다. 일반적으로 단순 사각형 구조인 사무실 건물이 답답할 때가 자주 있었는데 테라스로 이용할 수 있는 공간이 붙은 사무실로 옮긴 후에는 휴식공간이 생겨 업무 효율도 예전보다 좋아졌다는 평가다.

오피스 건물 바로 옆에 주거가 가능한 오피스텔이 있어 사무실을 찾는 사람들이 이곳 사무실을 더 선호하기도 한다. 덕분에 인근 오피스텔도 56.1㎡이 8500만 원에 매입해 보증금 500만 원, 임대료 50만 원을 받게 되어 수익률이 연 7% 이상 나온다.

해당 건물의 입지도 중요하다. 인근 정자역이 도보로 5분 거리에 있고 업무상 필요한 관공서와의 거리도 사무실에서 불과 10분 정도 거리 내에 있다. 내년 하반기까지 사무실 주변으로 산책로와 공원형성이 계획돼 있다.

주변 다른 오피스 건물에도 일부 희귀면적의 위용을 자랑하는 사무실들이 몇 개 나와 있는데 대부분 휴식공간으로 꾸며 놓고 알짜배기 공간

으로 활용되고 있다. 물론 월 임대료도 다른 사무실보다 조금 더 높게 받
고 있다.

일부 희귀면적의 위용을 자랑하는 사무실들은 대부분 휴식공간으로 꾸
며 놓고 알짜배기 공간으로 활용되고 있다. 물론 월 임대료도 다른 사무
실보다 조금 더 높게 받고 있다. 이들 사무실은 연 7~10%가량의 수익
을 창출해 내고 있다.

제3장

빌딩에서
'돈맥'
파헤치기

소형 빌딩 매입해 자식들 용돈 주다

서울 서초구에 사는 K(62)씨는 법원 경매를 통해 연면적1260m^2, 4층짜리 빌딩을 30억5000만 원에 낙찰받았다.

그가 낙찰받은 물건은 두 번이나 유찰됐던 건물이다. 그러다가 감정가 39억6700만 원의 75%에 낙찰된 것이다.

일반적으로 두 번 이상 유찰됐을 때 낙찰가는 감정가의 50% 전후로 떨어진다. 당시 K씨와 경쟁을 벌인 입찰자들 가운데는 기업도 있었지만 대부분 개인투자자들이었다.

높은 가격에도 수익을 어느 정도 예상한 덕에 경매에 참여한 것이다. 그는 초저금리 기조 속에 투자처를 마땅히 찾지 못하다 해당 경매에 참여했다.

이로써 K씨는 서울 강남에 2채의 소형 빌딩을 갖게 됐다. 이를 통해 매월 적지 않은 수익을 올린다. 무엇보다 안정자산을 갖고 있다는 것이 큰 안심이다.

이미 환갑을 넘기면서 자식들에게 손을 벌리기는커녕 명절 때 집을 찾는 자식과 며느리에게 도리어 용돈을 주는 것이 행복하다.

주택시장 장기침체에다 금리하락 가능성이 높아지면서 갈수록 빌딩 시장에 투자자금이 쏠리고 있다. 때문에 빌딩 매입을 원하는 자산가들의 문의가 급증하고 있고 아파트 같은 주거용 부동산을 팔고 괜찮은 소형 빌딩을 사들여 자산구조를 리모델링하고 싶다는 투자자도 상당히 많아졌다.

개인 투자자가 주로 찾는 빌딩은 100억 원대 이하의 중소형 건물이다. 한 해 통계자료를 보면 개인 투자건물의 90%가 100억 원 이하였고 이 중 약 30%가 20억 원 이하 소형 빌딩이었다.

이들 빌딩에 투자자금이 몰리는 이유는 공급물량에 따라 가격이 오르내리는 오피스텔, 원룸 같은 수익형 상품보다 가격 움직임이 없고 공급이 한정적인 빌딩을 선호하기 때문이다. 금융소득 종합과세 적용 대상이 연간 4000만 원에서 2000만 원으로 확대되자 여유자금을 가진 투자자도 가세하고 있다. 개인 투자자들이 눈독 들이는 지역은 단연 서울 강남권이다. 지난 2012년 개인이 투자한 빌딩의 3분의 1 이상(123채)이 서울의 강남·서초·송파 등 3개구에 몰려 있었다.

투자자의 거주지를 살펴보면 강남권 빌딩을 사들인 사람의 60% 이상이 서울의 비강남권이나 지방에서 투자한 경우였다. 미국 일본 홍콩 등 해외에서 투자한 사례도 있었다. 강남권 중소형 빌딩의 임대수익률은 4%대로 비강남권의 5-6%보다 낮은 편이다. 하지만 부동산 침체에도 가격이 꾸준히 오르고 있고 찾는 사람이 많아 쉽게 사고팔 수 있다는 점 때문에 강남 빌딩을 선호한다.

서울 청담동과 강남역 요지의 알짜 빌딩은 나오는 즉시 팔릴 정도다. 강북에서 돈을 번 사업가들도 강남에 빌딩 하나쯤 가져야 한다는 생각을 한다는 얘기도 있다. 최근에는 건물 소유주도 세대교체가 일면서 임대료를 대신 받아주고 건물을 관리해주는 중소형 빌딩 전문 자산관리회사가 크게 늘었다. 소형 빌딩은 경기영향을 크게 받지 않고 자산가들이 선호하는 부동산이다.

서울 청담동과 강남역 요지의 알짜 빌딩은 나오는 즉시 팔릴 정도다. 이처럼 소형 빌딩에 투자자금이 몰리는 이유는 공급물량에 따라 가격이 오르내리는 오피스텔, 원룸 같은 수익형 상품보다 가격 움직임이 없고 공급이 한정적인 빌딩을 선호하기 때문이다.

낡은 빌딩 사들이니 자산가치 껑충!

공기업을 다니다 정년퇴직한 S(57)씨는 자신이 살던 강남의 아파트를 14억 원에 팔고 서울 성동구 한 지역에 지하 1층~지상 4층짜리 상가주택을 26억 원에 매입했다.

아파트 매각대금과 퇴직금을 합친 현금 17억 원, 은행대출 7억 원과 임대보증금 2억 원을 합쳐 투자자금을 마련했다. 부동산 시장이 불황이라지만 그래도 중소형 빌딩은 수익이 괜찮다는 필자의 조언에 과감히 투자에 나섰다.

낡은 상가라는 점이 부담이었지만 리모델링을 거친 후 주변 상가보다 임대료도 더 올리면 경쟁력이 있을 것이라고 생각했다. 그는 리모델링 후 수익률을 높이기 위해 커피전문점과 병원 등으로 상가 업종을 변경하고 임대료도 30%가량 올렸다.

결과는 대성공이었다. 게다가 건물을 매입한 지 얼마 지나지 않아 뉴타운개발 호재가 나와 건물 값은 엄청 치솟았다.

뉴타운개발 직전까지 그가 받는 월 임대료는 830만 원으로 수익률은 5.5%를 넘어섰다. 매매가도 20% 이상 수직 상승했다. 인근 부동산 사무실에서 그에게 건물 매매를 문의하는 전화가 하루에도 여러 통씩 걸려왔다.

S씨의 경우 저금리시에 은퇴 후 마땅한 투자처를 찾지 못하는 사람들이 선택하는 대표적인 케이스다. 투자자금의 차이만 있을 뿐 중소형 상가주택에 투자하는 흐름이 갈수록 늘고 있다. 낮아진 금리 탓에 은행에 돈을 넣어두면 이익을 보기 힘든 구조라 최대한 대출을 받아 투자에 나서려는 움직임이 늘고 있다는 것이다.

실제 2012년 4분기 서울에 위치한 중·소형 오피스빌딩 수익률은 6~7%대인 것으로 나타났다. 가격이 비싼 프라임오피스에 비해 투자자금이 적고 공실 위험도 비교적 낮은데다 수익률은 오히려 높았다.

S씨의 경우 낡은 건물을 매입해 리모델링 후 나름 전략적인 투자를 선택했던 케이스로 추후 개발 호재는 운이 따른 사례다. 하지만 발 빠른 소수의 투자가들은 재개발 정보를 남들보다 빨리 얻은 후 일부러 낡은 상가를 저렴한 가격에 매입하기도 한다.

투자자에게 알려주는 팁 가운데 하나는 중소형 빌딩 담보대출의 경우 임대사업자 대출에 해당돼 총부채상환비율(DTI) 규제가 적용되지 않는다는 점이다. 때문에 가격 상승을 기대하기 어려운 아파트 등 주거용 부동산을 팔고 소형 빌딩을 매입해 자산구조를 리모델링하려는 투자자가 늘고 있다.

가격이 비싸고 임대수익이 보장되지 않는 새 빌딩보다 입지가 검증된 낡은 빌딩을 눈여겨볼 필요가 있다. S씨처럼 낡은 빌딩이라도 리모델링을 통해 내부를 개조하거나 우량 임차인으로 교체하는 등 적극적인 임차인 관리를 하면 수익률을 끌어올릴 수 있다. 대로변에 접하면 최상이지만 건물 연면적 대비 토지 면적이 큰 건물은 향후 증축, 재건축이 유리하다.

물론 전략은 필요하다. 1층부터 어떻게 관리를 하는가 생각해야 한다. 1층은 빌딩 전체 수익률에서 30% 이상을 차지한다는 말이 있다. 그만큼 1층이 상가나 빌딩에서 차지하는 중요성을 부각시킨 것이다. 빌딩 가격은 자신이 보유한 금액의 2배를 넘지 않는 물건이 좋다. 빌딩 투자금액을 결정할 때 보증금, 담보대출이 매매금액의 50% 이내인 매물로 한정해야 한다.

가령 임대보증금과 담보대출을 합쳐 20억 원이라면 자기자본 20억 원을 투자해 매매금액이 40억 원 이하인 물건을 노려볼 만하다.

꼬마빌딩 매입, 연 10% 수익 만들다

서울 구로동에서 무역회사를 운영하는 G(51)씨는 지난해 말 서울 역삼동에 위치한 대지면적 290㎡인 5층짜리 상가빌딩을 매입했다. 매입 가격은 55억 원이었다.

그는 거액을 투자한 만큼 임대수익률부터 높여야겠다고 마음먹었다. 이를 위해 1층 식당을 정리하고 프랜차이즈 커피전문점으로 업종을 바꿨다. 식당은 점심 한 끼 반짝 붐볐지만 커피전문점은 달랐다. 역삼동 일대 회사에 근무하는 직장인들이 점심, 저녁 시간에 줄지어 몰려들면서 매출이 쑥쑥 늘어났다.

식당이 차지하던 자리에 커피전문점 외에도 편의점, 문구점 등 총 3개 점포가 들어와 총 보증금 4억 원에 매달 임대료 1700만 원을 받고 있다.

G씨가 빌딩 리모델링을 하기 전에는 3%의 임대수익률을 올리기도 힘들었다. 그러나 지금은 연 5%의 수익률을 넘겼다.

초기투자비용은 크지만 추후 시세차익까지 기대하면 리모델링하길 잘한 것이다. 수익형 부동산의 대표주자로 오피스텔, 도시형 생활주택,

상가가 꼽히지만 투자자금이 30억 원 이상으로 넉넉하다면 조그마한 상
가빌딩을 눈여겨볼 만하다. 은퇴를 앞두거나 이미 은퇴한 노후계층 입
장에선 매달 고정적인 임대수익은 기본이고 짭짤한 시세차익도 기대할
수 있다.

서울이나 수도권 요지에 위치한 5층 이하 작은 상가건물은 일명 '꼬
마빌딩'으로 불린다. 대부분 핵심지역 빌딩이 100억 원을 넘나들지만 강
남 이면도로나 강북, 수도권으로 눈을 돌리면 30억 원 내외 빌딩도 간간
이 찾아볼 수 있다.

아파트 블루칩이 강남권에 몰려 있듯 빌딩 선호 지역도 역시 강남이
다. 강남권 빌딩은 고가 물건이 대부분이지만 그만큼 유동인구가 많아
상권 수요층이 탄탄하다. 업무시설이 밀집된 지역의 이면도로 소형 빌
딩이 가격 대비 유리하다. 40억 원대 여유자금이 있다면 서울 강남이나
송파 이면도로에 위치한 꼬마빌딩에 투자하는 것도 유리하다.

이보다 조금 부족한 자본이라도 마포 · 성동 · 성북 · 중랑구 등 강북
의 노후 빌딩을 구입해도 좋다. 수도권 신도시에선 분당이나 산본 등 역
세권 근린생활 빌딩도 매입이 가능하다.

빌딩을 잘 구입하려면 일단 입지 분석부터 제대로 해야 한다. 종류도
규모에 따라 다양하다. 대개 10층 미만 건물은 중소형 상가빌딩, 10층 이
상은 중대형 오피스빌딩으로 구성되는 경우가 많다.

10층 미만에 연면적 9900㎡ 미만인 중소형 빌딩은 입점 업체에 따라
상가주택형, 근린업무형, 업무중심형으로 구분한다. 상가빌딩은 종류별
로 달리 분석해야 공실을 피할 수 있다. 저층에 상가를 배치하고 고층에
사무실이 입점해 있는 형태의 근린상가빌딩의 임대수익이 최근 대표적

인 투자처로 각광을 받고 있다.

건축물 대장과 토지이용계획확인원 등 공부서류를 사전에 확인하는
한편 공실률이 20%를 넘어서는 빌딩은 투자 대상에서 제외해야 한다.

투자자금이 30억 원 이상으로 넉넉하다면 조그마한 상가빌딩을 눈여겨
볼 만하다. 강남 이면도로나 강북, 수도권으로 눈을 돌리면 30억 원 내
외 빌딩도 간간이 찾아볼 수 있다. 은퇴를 앞두거나 이미 은퇴한 노후계
층 입장에선 매달 고정적인 임대수익은 기본이고 짭짤한 시세차익도 기
대할 수 있다.

미니빌딩을 매입해 자산가치 높이다

서울 송파구 문정동에서 작은 병원을 운영하는 Y(51)씨는 2012년 세 들어 있던 건물 인근의 낡은 5층짜리 빌딩이 싼값에 매물로 나왔다는 얘기를 듣고 곧바로 35억 원을 들여 매입했다.

사들인 건물을 10억 원 가량의 건축비를 투입해 6층으로 증축했다. 병원 확장으로 운영수익이 크게 늘어난데다, 건물 가치도 55억 원 가량으로 평가돼 10억 원 정도의 자본소득을 올렸다. 그는 철저히 실수요 측면에서 매입하기는 했지만 건물 가치가 상승하니까 빌딩 하나 가질 만하다는 말을 이제야 실감하고 있다.

대기업에서 임원을 지내다 퇴직한 L(64)씨는 최근 서울 강남구 신논현동 인근의 6층짜리 건물을 경매로 시세보다 저렴한 64억 원에 낙찰 받았다. 인근에 비슷한 규모의 빌딩 시세가 70억~80억 원 정도인 점을 감안하면 낙찰과 동시에 최소 5억 원 이상의 시세차익을 얻은 셈이다.

투자금액을 낮출 수 있었기 때문에 수익률도 6% 이상 나오고 있다. 그의 건물은 매입 당시 일부 공실이 있었다. 하지만 임차인이 속속 입주하면서 거의 만실 수준에 근접했다. 현재 그는 월세로만 한 달에 2500만 원이 넘는 수익을 올리고 있다.

부동산 경기 침체가 장기화되면서 아파트 시장은 약세를 면치 못하고 있다. 그렇지만 빌딩 시장은 예외다. 고액 자산가들은 물론 안정적인 임대수익을 얻으려는 은퇴자들이 늘어나면서 중소형 빌딩 가격은 고공행진중이다.

임대수익률은 낮아도 향후 가치상승을 기대할 수 있는 강남권 빌딩의 인기가 특히 높다. 수요는 늘어나는 데 매물은 많지 않아 품귀 현상을 빚을 정도다. 웬만큼 입지조건을 갖춘 건물이나 시세보다 다소 싸게 나온 매물은 내놓기가 무섭게 팔려나간다. 사실 빌딩 투자자들은 자산가치 상승 기대가 큰 강남 지역을 여전히 선호한다. 하지만 최근 명동이나 동대문·신촌·홍대 등 비교적 상권이 발달한 강북 지역 역세권 빌딩에도 큰 관심을 보이고 있다.

강남 지역의 경우 대로변을 중심으로 빌딩 공급이 많아지면서 공실률이 높아지고 임대수입이 기대에 못 미치는 경우도 속출하고 있다는 이유에서다.

부동산 시장이 양극화되면서 고액 자산가들은 중소형 빌딩을 찾고, 소액 투자자들은 오피스텔이나 도시형 생활주택을 선호하는 현상이 두드러지고 있다. 그래서 최근 50억~100억 원의 중소형 빌딩 물건을 찾아달라는 의뢰가 꾸준하지만 매물이 많지 않아 거래도 쉽지 않다. 은퇴 후에 건물에서 나오는 임대수익으로 편안한 노후 생활을 할 수 있으려면 지금부터 빌딩 투자에 관심을 가져보는 것을 생각해볼 만하다. 빌딩은 비교적 안전한 투자처로 알려져 있다. 국토해양부에 따르면 근 10년간 상업용 빌딩의 평균수익률은 9%대로 17%대의 주식보다는 낮았다. 그러나 채권(4%) 보다는 2배 이상 높다. 특히 투자 위험도를 나타내는 변동성 지표(표준편차)는 주식이 평균수익률보다 높은 19.79%를 기록한 반면 빌딩은 평균 2.8%를 기록해 훨씬 안정적이었다. 부동산 경기 침체로 임대 수입을 올릴 수 있는 오피스텔이나 도시형 생활주택과 같은 수익형 부동산으로 투자 패턴이 바뀌었지만 수익형 부동산의 대표는 역시 빌딩이다. 투자 규모에서나 수익적인 측면에서 빌딩을 능가하는 수익형 부동산은 찾아보기 힘들다. 물론 도심을 중심으로 대형 오피스 공급이 늘어나고 있는 것과 공실률 관리는 빌딩에 투자하기 전 전문가와 충분히 상의하는 것이 필요하다. 빌딩 투자에서 무엇보다 중요한 것은 가능하면 싸게 사야 한다는 점이다. 싸게 사서 비싸게 파는 것은 모든 투자의 기본이지만 부동산 시장 전망이 불확실한 상황에서 추가 하락에 대한 리스크를 피하기 위해서는 시세 대비 10% 이상 싼 매물을 선택하는 것이 바람직하다.

구입가격을 낮추려면 경매를 이용하는 것도 한 방법이다. 하지만 최근 들어 경쟁이 치열해지면서 낙찰가가 감정가를 육박하거나 상회하기도 하기 때문에 무리한 낙찰은 피해야 한다.

임대수익 챙기고 주거까지 해결하다

다양한 투자방법이 있는 요즈음 큰 주목을 받고 있는 것이 있다. 바로 '무지개떡 빌딩'이다. 도시 주거형태의 정답이라고까지 표현하고 있을 정도이다.

지상 4~5층 높이의 건물을 지어 1층은 상가, 중간층은 사무실, 위층은 주거용으로 하고 옥상에 정원을 만들어 '마당 있는 집'에 대한 수요를 만족시키자는 제안이다.

일종의 상가주택 개념이다. 주거와 상업, 업무 시설 등 다양한 용도의 시설을 층을 달리해 가며 한 건물에 모아놓아 무지개떡이라고 부르기 시작한 것이다. 서울 종로구 궁정동에는 대표적인 무지개떡 건물이 있다. 2011년 건축한 것으로 서울시 건축상 우수상도 받았다. 지하 1층, 지상 3층 규모다.

지하에는 갤러리, 1층은 카페, 2층과 3층은 복층 주거 공간 구조다. 원래 지상 4층으로 설계했지만 길 건너편에 청와대가 있어 1층이 깎이고 옥상정원도 허가가 나지 않았다. 일종의 상가주택 개념인 무지개떡 빌딩은 직주(職住) 근접으로 출퇴근 시간을 줄여주고 단독주택보다 에너지를 덜 쓰는 친환경적 모델이 각광을 받고 있다. 특히 1층에는 맛집으로 소문난 식당과 상점이 있어 건물 전체를 살릴 수 있는 것이면 더 좋다.

베이비부머들의 은퇴가 이어지기 시작한 근래에 노후에 대한 준비가 이슈다. 아파트 투기 열풍의 일익(?)을 담당하기도 한 이들의 부동산 자산 비율은 80%에 이른다는 조사도 있다.

이미 식어버린 아파트 부동산 가치의 미래가 불투명하고 그렇다고 딱히 새로운 투자의 돌파구를 낙관하긴 힘들고 해서 이미 서울 도심 내 녹지 부근이나 서울 근교의 전원생활을 염두에 두고 있는 사람들이 많다.

하지만 도시 생활에 익숙해 쉽지 않다. 소규모 임대사업과 상가주택에 대한 관심이 쏠리며 도시를 좀처럼 벗어나지 못하는 이유도 이런 점이 크게 작용하는 것으로 보고 있다. 무지개떡 빌딩은 이러한 고민을 해결해 줄 수 있는 대안으로 떠오르고 있다.

어찌 보면 의미는 간단하다. 집과 상가점포가 하나로 어우러져 있는 상가형 건물이라면 쉽게 이해된다. 다만 여기에 도시생활에 익숙해 있는 점을 고려해 이에 필요한 장소를 유지하면서 전원주택에서 느낄 수 있는 여유로운 요소를 함께 배치하는 것이다. 1층과 2층에 점포를 임대해 주고 나머지 공간은 건물주가 전원주택처럼 이용하거나 별장처럼 이용할 수 있다.

말 그대로 임대수익도 챙기고 원하는 주거형태를 선택해 즐길 수도 있다. 안정적인 노후를 즐길 수 있는 또 다른 방법으로 두 마리의 토끼를 다 잡을 수 있는 새로운 형태의 투자라고 생각하면 된다.

건물에는 전원생활처럼 일정 공간을 할애해 농작물을 키울 수 있는 인테리어도 가능하다. 무지개떡 빌딩은 다양한 콘셉트에 어우러져 있고 때로는 전원생활을 간접 체험할 수 있는 상품이라고 할 수 있다.

무지개떡 빌딩은 전원주택에서 느낄 수 있는 여유로운 요소를 함께 배치하는 것이다. 임대수익도 챙기고 원하는 주거형태를 선택해 즐길 수도 있다. 안정적인 노후를 즐길 수 있는 또 다른 방법으로 두 마리의 토끼를 다 잡을 수 있는 새로운 형태의 투자라고 생각하면 된다.

비수기 때 투자 나서 시세차익 챙기다

서울 대치동에 거주하는 M(54)씨는 몇 년 전 15억 원짜리 아파트를 처분하고 2~3개월 후 마포 인근의 5층짜리 상가형 빌딩을 매입했다.

부동산 비수기에 접어들자 가격도 시세보다 조금 저렴하게 나왔다. 아파트를 판 금액에 은행대출을 받아 대지 면적이 213㎡ 남짓한 45억 원짜리 빌딩을 40억 원에 살 수 있었다. 그는 이 빌딩 1층에 식당과 편의점을 입점시켰다. 또 일부를 개 · 보수해 사무실로 세를 놓았다.

2년 후 한 대기업에서 3층과 4층 전부를 임대하고 싶다는 문의가 왔다. 마침 대부분의 사무실 임대 계약이 3~4월 끝나는 시점이라 빌딩 매매시에도 대기업 사무실이 입주해 있을 경우 어느 정도 도움이 될 것 같았다.

M씨는 임차인들과 상의를 거쳐 계약을 대부분 종료하고 대기업에 사무실을 임대해 주기로 했다. 이후 빌딩을 전문적으로 관리해주는 업체와도 계약했다.

올 봄 2개 층을 모두 사용하는 대기업과 재계약을 하자마자 인근 공인중개사무실에서 빌딩을 매입하고 싶어 하는 투자자가 있다며 60억 원 이상 제시했다.

M씨는 흔쾌히 매각 의사를 밝히고 가격을 조율해 61억 원에 계약했다. 매입 후 4년 만에 안정적인 수익은 물론 20억 원 이상의 시세차익까지 챙긴 셈이다.

부동산 시장이 침체기에 접어들면서 가격이 하락하는 곳이 제법 많이 눈에 띈다. 시장 분위기가 이러하다 보니 계약조건이 좋지 못하면 투자자의 관심을 끌지 못한다는 조급함이 퍼져 있어 좋은 조건에 나온 매물들이 다수 있다.

그러나 가격이 많이 내려갔다고 해서 무조건 매입하는 것은 금물이다. 초기 투자자들에게는 쉬운 일이 아니나 장기적으로 상승잠재력이 강한 지역 내 투자처를 골라 경기 변동이 있더라도 불황의 몸살을 타지 않는 곳을 선택하는 것이 중요하다.

투자가치가 높은 지역에 나온 빌딩을 매입해야 장기적으로 경기의 부침을 덜 탈 뿐만 아니라 매매타이밍에 대한 시기도 가늠할 수 있게 된다.

뉴타운과 재건축 등 지역 개발호재가 많거나 교통여건이 좋아지는 지역은 불황기 나 홀로 상승세를 타며 가격상승을 주도한다. 하지만 무엇보다 부동산 경기가 전반적으로 침체된 시기에는 단기 전망이 밝지 않아 급매나 경매물량이 쏟아져 가격의 약세를 보이는 시점이 투자의 적기다.

경매 시장에서도 괜찮은 물건을 찾을 수 있다. 요즈음처럼 불황기에는 대출을 많이 받는 매물들이 경매 시장으로 유입돼 호황기 대비 20% 이상 싸게 매입할 수 있다. 1회 유찰시 상가나 빌딩 매물은 30% 이상 저렴하게 낙찰받을 수 있다.

매매거래 수요의 감소로 완만한 가격하락 매물이 늘고 있지만 오히려 가격이 꾸준히 오르며 매물이 나오자마자 소화되는 모습을 보이고 있다.

투자가치가 높은 지역에 나온 빌딩을 매입해야 장기적으로 경기의 부침을 덜 탈 뿐만 아니라 매매타이밍에 대한 시기도 가늠할 수 있게 된다. 부동산 경기가 전반적으로 침체된 시기에는 단기 전망이 밝지 않아 급매나 경매물량이 쏟아져 가격의 약세를 보이는 시점이 투자의 적기라고 할 수 있다.

실사를 통해 10% 수익률을 거머쥐다

중소형 빌딩을 매입한 A(56)씨는 고민이 이만저만이 아니다. 정년퇴직 후 주변에서 안정적인 노후를 위해 추천해 준 상가형 빌딩 때문이다.

컨설팅업체와 매물을 보고 분석한 후 퇴직금과 은행대출을 받아 경기도 평촌 학원가 인근에 위치한 5층짜리 빌딩을 매입한 것이 화근이었다.

막상 6개월 정도 지나자 업체가 설명해준 것과 차이가 컸다. 새 건물이 아니라는 사실은 들었지만 건물 여기저기 손을 봐야 할 곳도 갈수록 늘어났다.

기존에 있던 세입자들은 재계약을 앞두고 월 임대료를 낮춰 달라는 요구를 하고 있다. 경기 불황으로 인해 장사가 잘 되지 않는다는 이유에서다.

설상가상으로 장사가 잘 되지 않는 이유를 건물이 낡아서라며 일부 시설 개·보수와 리모델링까지 요구하고 있다. 마음 같아서는 얼마 남지 않은 점포는 새로운 점포주와 계약하고 싶지만 경기 탓에 그나마 지금 있는 점포주를 잡기에도 벅찬 상황이다.

반면 경기도 안산시 중앙역 부근 상가를 매입한 P(49)씨는 요즈음 안정적인 수익 덕분에 새로운 투자처를 찾고 있다.

P씨는 현재 수익이 잘 나오고 있는 상가를 발견하고 매입을 위해 매입 전 6개월간 주변 상권은 물론 시간대별 유동인구와 입점해 있는 점포들의 현황까지 분석 중이다.

그는 서울에서 제법 유명한 설렁탕집을 운영하고 있다. 그런데 원래 분점을 내기 위해 수도권 인근을 물색하다가 이 빌딩을 발견하고 실사를 하고 있는 것이다.

사실 P씨는 역세권에 유동인구도 많고 주변에 음식점 메뉴와 매출까지 꼼꼼히 체크하던 중 이 건물에다 점포 계약을 하려고 했다. 그러다가 건물주가 빌딩 자체를 매매하길 원한다는 정보를 접하고 점포 입점을 몇 개월 늦추면서 건물에 대한 분석에 들어갔다.

눈여겨본 결과 1층에는 특별할 것 없이 편의점과 미용실, 맥주집 등이 영업을 하고 있고 위로는 개인병원과 학원이 입점해 있었다. 매일 출근하다시피 하며 각층의 세입자들과 많은 얘기를 나누는 통에 빌딩의 장단점을 세밀하게 파악하게 됐다.

그의 노력은 매매 협상을 할 때도 가격을 흥정하는데 큰 도움이 됐다. 개ㆍ보수에 필요한 투자비용과 건물의 장단점을 조목조목 얘기하는 P씨의 안목에 건물주와 부동산중개업자도 놀랐다.

현재 그는 자신의 빌딩을 통해 연 9%의 수익을 올리고 있다. 설렁탕 가게 3호점과 4호점을 연달아 낼 계획에 또다시 발품을 팔며 수도권 인근 상가와 빌딩을 누비고 있다.

A씨와 P씨의 차이는 간단하다. 자신이 잘 모르는 부분에 대해 전문가의 도움도 중요하지만 어디까지나 투자자 본인이 원하는 것을 먼저 판

단하고 건물 매입을 위해 움직였다는 점이다.

중소형 빌딩과 같은 수익형 부동산에 투자한다는 것은 투자부동산의 현재와 미래의 현금흐름을 매입하는 것이다. 매입 후에 실제로 발생하는 임대료가 목표한 것보다 낮거나 실제 임대율이 목표치보다 낮으면 당연히 수입금액이 줄고 수익률도 하락하게 된다.

이에 따라 당연히 리스크에 대한 대비를 해야 한다. P씨가 협상테이블에서 자신이 분석한 빌딩의 장단점을 통해 가격을 낮출 수 있었던 것은 6개월이란 시간동안 발품을 판 충분한 보상이었다. 자신이 파악한 리스크를 크게 부각시켜 그 리스크로 인해 도리어 수익을 거두게 된 것이다.

A씨와 같은 실패를 예방하기 위해서는 매입 전 반드시 빌딩 실사를 통해 자세한 부분까지 확인해야 한다. 시장에서 단돈 몇 천 원짜리 물건을 구입할 때도 꼼꼼히 따져보는 마당에 수십억 원이나 하는 빌딩을 매입하는데 남의 말만 듣고 움직인다는 것 자체가 큰 과오다.

중소형 빌딩과 같은 수익형 부동산에 투자한다는 것은 투자부동산의 현재와 미래의 현금흐름을 매입하는 것이다. 실패를 예방하기 위해서는 매입 전 반드시 빌딩 실사를 통해 자세한 부분까지 확인해야 한다. 발품을 충분히 팔고 분석을 철저히 한다면 충분한 보상을 받을 수 있는 결과를 맛볼 수 있다.

역세권 오피스빌딩 투자로 수익 '방긋'

N(60)씨는 지난 2009년 서울 강남 테헤란로에 있는 오피스 20층짜리 빌딩 중 10층의 분양면적 539㎡를 11억 원에 매입해 외국계 회사에 임대를 줬다.

시세는 17억 원 수준이었지만 경매로 인해 약 70% 정도 가격에 매입했다. 현재 이곳은 월 1000만 원 가량의 임대료 수익이 나오고 있다. 3년이 지난 시점에 25억 원에 매입하겠다는 사람이 찾아왔다.

하지만 팔지 않고 있다. 4년째 꾸준한 수익을 내오고 있는데다 강남지역 빌딩의 공실률이 한참 활황기를 보였던 과거 수준으로 회복되는 추세라는 판단에서다.

서울 평창동에 사는 H(48)씨는 서울 강북구 수유역 인근 오피스빌딩 1~3층을 매입한 후 2년 만에 팔았다. 25억 원의 전세금을 끼고 매입한 상가는 은행이 10년 동안 임차인으로 계약돼 있어 임차 걱정이 없었다. H씨는 2년 후 월세와 건물가치 상승분을 포함해 5억 원의 차익을 남기고 되팔았다.

그의 투자 방식은 과한 욕심을 부리지 않고 기대했던 수익을 달성하면 미련없이 매각하는 것이다. H씨는 적지 않은 재산을 갖고 있으면서도 여전히 발품을 팔며 또 다른 빌딩의 권리분석에 대한 열을 올리고 있다.

역세권 오피스빌딩의 장점은 일단 접근성이 좋아 선호대상이 된다는 점이다. 지하철역 한 개만 있어도 좋지만 이왕이면 더블이나 트리플 환승역에 위치해 있다면 공실률을 더 줄이면서 수익을 높일 수 있다.

물론 매입 당시 다른 곳보다 더 가격을 쳐줘야 하지만 공매 또는 경매를 통해 조금 더 싸게 구입할 수 있는 매물이 분명 존재한다. 전반적으로 시세보다 5~10% 낮춘 빌딩들이 시장에 매물로 나오는 경우도 있다.

일정 시기에 빌딩 거래 시장에 저평가될 전망이 나오는 경우가 기회다. 이때는 투자자들이 이들 중소형 빌딩을 매입하려는 대기 수요가 많아진다. 투자자들이 시세보다 조금 싼데다 연 수익률 5%대가 가능한 매물을 과감하게 사들이려 하기 때문이다.

오피스빌딩 업계에 따르면 연 5%대의 안정적인 수익이 가능한 강남 중소형 빌딩은 예전부터 주목을 받아왔다.

실제 2014년 개통되는 지하철 9호선 2단계 구간 인근 또는 봉은사로 인근, 분당선 역세권인 삼릉공원 · 도산공원 인근은 중소형 오피스빌딩이 주요 투자처로 각광을 받고 있다. 이곳은 일반 기업들도 사무실 임대를 노리고 있는 대표적인 입지를 갖고 있어 공실률 걱정은 거의 없다고 봐도 된다.

필자는 빌딩을 구매하기에 앞서 몇 가지 당부를 하고 싶다. 우선 주변에 유동인구가 많고 공실률이 얼마나 되는지 살펴봐야 한다. 아울러 신축보다는 리모델링을 할 수 있는 빌딩이 투자자들에게 더 인기를 얻고 있다는 점을 주목해야 한다. 구매 전 주변 임대시세와 임대차 내역, 장기 공실 여부 등도 충분히 따져봐야 한다.

역세권 오피스빌딩의 장점은 일단 접근성이 좋아 선호대상이 된다는 점
이다. 지하철역 한 개만 있어도 좋지만 이왕이면 더블이나 트리플 환승
역에 위치해 있다면 공실률을 더 줄이면서 수익을 높일 수 있다.

리모델링으로 수익률을 급상승시키다

Y(52)씨는 서울 강남구 양재동에 있던 낡은 어린이집 건물을 약 20억 원에 매입한 뒤 리모델링을 했다. 이 건물의 리모델링 비용은 4억8000만 원으로 3.3㎡당 대략 250만 원 정도 들었다.

3.3㎡당 350만~400만 원 수준인 신축에 비해 거의 절반 수준이다. 다만 설계비의 경우 리모델링이 신축보다 다소 높다. 업계 통상 신축 설계비의 1.3배 수준이다. 기존 건물을 분석하는 작업에 대한 비용이 발생하기 때문이다.

그는 리모델링을 하기 전 우선 주변 상권의 흐름을 파악했다. 주변 환경을 고려하고 임차 업종을 미리 예상한 뒤 리모델링하면 임대에 유리하다는 이유에서였다.

요즈음에는 Y씨가 진행한 것처럼 입주 업종까지 고려한 맞춤형 리모델링이 대세가 되고 있다. 이 같은 추세는 주변에서 어렵지 않게 발견할 수 있다.

일례로 본인이 소유하고 있던 서울 논현동 소재 5층 빌딩을 리모델링한 K(55)씨를 꼽을 수 있다. 건축 후 20년이 넘은 건물이 깜짝 놀랄 정도로 완전히 새 건물인 양 현대적인 외관으로 탈바꿈했다. 덕분에 임대료도 올려 받게 됐고 건물 감정평가액도 높아졌다.

서울 강남구 역삼동 소재 빌딩건물주 S(60)씨는 애초 리모델링 당시 디자인사무소나 영화, 영상 관련 업종 사무실이 입주하길 희망했다. 영사기와 오래된 영화를 수집할 정도로 이 분야에 애착이 있던 그는 이를 통해 보다 높은 수익률을 보장하는 업종을 들일 수 있다고 생각했다.

리모델링 후 S씨의 빌딩은 현대적인 외관과 어울리는 헤어샵과 영화 홍보사와 투자사들이 입주했다. 덕분에 그는 수익도 늘고 자신의 취미에 대한 교류를 통해 만족할 만한 생활을 누리고 있다.

오래된 빌딩의 값어치를 올리기 위해서는 주변 상권과 자신의 여건에 맞게 리모델링을 하고 임차인 교체나 갈아타기 등을 통해 임대수익을 높이는 전략을 구사하는 것이 좋다.

필자가 꼽은 3가지 사례는 이를 십분 활용한 경우다. 그들은 건축한 지 15~20년 이상 된 건물을 리모델링해 건물의 자산가치 자체를 끌어올리는 방법을 택했다. 그리고 개선 후 하향 중인 빌딩의 임대수익률 속에서 나름 성공을 거뒀다.

반면 많은 건물주들은 고민에 싸여 있다. 국토해양부와 한국감정원이 매분기 발표하는 오피스·상업용 빌딩의 투자수익률(소득수익률+자본수익률)을 살펴보면 건물주들의 고민이 고스란히 드러난다.

서울과 경기 일부 지역, 6개 광역시 등에 있는 오피스빌딩의 투자수익률은 이전보다 조금 떨어졌다. 공실률이 증가한 것이 가장 큰 이유다.

필자는 임차인이 잘 들어오지 않으면 보유 건물의 상태를 재진단하라고 조언한다. 입지여건이나 주변 상권 및 분위기가 어떻게 변하고 있는

지, 건물의 내외관이 너무 노후하지 않았는지 등을 살펴보고 개선점을 찾아야 하기 때문이다.

최근 건물주들이 원하는 세입자의 요건 가운데 하나가 바로 카페나 병원 또는 의원들이다. 그런데 이들 세입자의 공통점은 근린시설인만큼 너무 낡은 오피스 공간을 지양한다는 부분이다. 월세를 아끼면 좋지만 조금 더 비싸더라도 고객을 많이 유치하는 방법이 더 낫다는 판단에서다.

요즈음처럼 세입자 우세 시장에서는 건물주가 원하는 한의원이나 카페 같은 근린생활시설을 들이려면 너무 낡은 오피스 공간처럼 보이지 않는 것이 중요하다.

리모델링이나 용도변경을 하면 불경기라도 임대수익이 늘어나는 경우가 많고 리모델링에 들어간 투자자금을 회수하는데도 1년 미만이라 임대수익과 건물시세를 올리는 데 제격이다.

중소형 빌딩 매입해 시세차익을 올리다

수출 관련 제조업체를 경영하는 P(55)씨는 지난 2010년 말 서울 강남 삼성동 지하철역 인근 이면도로에 있는 3층짜리 빌딩을 30억 원을 주고 매입했다. 더 나이가 들기 전에 경영은 아들에게 물려주고 빌딩 임대수입으로 노후 생활을 즐기기 위해서다.

P씨는 빌딩을 매입한 후 10억 원을 들여 건물을 증축했다. 이를 통해 당초 지하 1층~지상 3층이던 빌딩은 지하 1층~지상 4층 건물로 거듭났다.

그가 건물을 증축하는 과정에서 강남권 중소형 빌딩에 대한 인기가 치솟으면서 빌딩가격이 큰 폭으로 올랐다. 주변에 위치한 부동산 컨설팅업체에 의뢰한 빌딩 시세는 55억 원 가량이었다. 그는 건물매입과 신축에 총 40억 원을 들여 2년이 채 안 돼 13억 원에 달하는 시세차익을 거둘 수 있게 된 셈이다. 건물을 증축하면서 이전 주인에 비해 임대수입도 많이 뛰었다. 일단 층수를 높이면서 연면적이 965㎡(292평)로 전에 비해 30% 가까이 늘어 그만큼 임대수입이 늘었다. 증축 이전에는 보증금이 총 7500만 원에 월 임대수입은 1000만 원 정도였다.

하지만 증축 후 보증금은 총 2억6000만 원으로 뛰었고, 월 임대수입도 2100만 원으로 두 배 이상 올랐다. 관리비가 월 340만 원가량 지출되는 점을 감안해도 임대수입만 800만 원 정도가 오른 것이다. 임대로 들어온 업종이 바뀐 점도 임대수입 증가에 상당 부분 기여했다. 특히 당초 철물점이 들어서 있던 지하에 프랜차이즈 커피전문점이 들어오면서 임대수입 증가에 혁혁한 공을 세웠다.

이는 건물이 들어선 입지를 최대한 활용한 설계 덕분에 가능했다. P 씨의 건물은 5거리 교차로에 위치해 입지가 좋은데도 불구하고 한쪽 면이 비탈진 지형이란 점이 핸디캡으로 작용했다.

그런데 그는 건물을 신축하면서 이를 오히려 장점으로 승화시켰다. 당초 반지하이었던 지하층을 올려 한쪽에서 보면 1층이 되도록 설계를 한 것이다.

이를 통해 용적률 상향 없이 층수가 사실상 한 층 더 늘어난 효과를 거뒀다. 이 지하층에 커피전문점을 입점시켜 유동인구를 늘리는 1석2조의 효과를 보고 있다. 비탈면에서 보면 1층에 편의점이 입점했다. 커피숍 입구에서 보면 편의점이 2층처럼 보이지만 실제로는 1층이다. 3층에는 전문학원을 입점시켰고 4층에는 오피스텔을 만들었다. 인근에 전문직 종사자들이 많은 강남권이란 입지를 최대한 고려한 구성이다. 건물 증축에서 재미를 본 P씨는 현재 인근 지역에서 빌딩을 추가로 매입하는 것을 고려하고 있다. 하지만 이번 경우와 같은 매물을 찾기 힘들어 당분간 매물을 찾는데 발품을 팔기로 했다.

P씨처럼 건물을 증축하는 과정상에는 분명 애로사항이 잠재해 있다. 기존 임차인들을 내보내는 명도 문제가 쉽게 풀리면 다행이지만 대부분

걸림돌이 된다. 그러나 이러한 문제는 빌딩 관리업체나 전문가들과 상의해 풀어나가면 된다.

P씨와 비슷한 사례를 통해 인천시에 위치한 모 지역 중소형 빌딩은 재개발 호재까지 겹쳐 분양가 대비 최고 3배 이상 오른 곳도 있다.

이처럼 이면도로변 허름한 상가건물을 매입해 노후된 시설을 고치고 그 지역의 발전 방향에 맞추어 용도를 변경하는 등 리모델링을 통해 건축물의 가치를 높이거나 임대수익을 올릴 수 있는 재테크 방법을 고려해 보는 것도 투자를 위한 또 다른 방법이다.

제4장

땅에서
'돈맥'
파헤치기

돈 되는 자투리땅 '우습게 보지 마'

건축설계사인 Y(47)씨는 작업실로 사용할 공간을 찾아다녔다. 그러다가 땅을 구해 서울 강남의 아파트까지 팔아 집을 짓고 층을 나눠 주거와 업무를 동시에 할 수 있는 건물을 세우기로 마음먹었다.

자신의 장기인 건축설계를 십분 발휘하고 동종 업계의 선후배들에게 다양한 아이디어를 구했다. 일단 강남보다 저렴한 관악구 봉천동에 위치한 다세대주택 단지 사이 자투리땅을 찍었다.

저렴한 땅값 덕분에 건축비에 대한 부담이 일단 적었다. 게다가 경매를 통해 매입한 곳이라 시세보다도 20~30%나 낮은 가격에 구입했다.

다세대주택 한가운데에 있는 자투리땅을 활용해 집을 짓다 보니 이웃간 사생활 침해 문제나 일조권 문제 등 여러 사안들을 고려해야 했다. 때문에 처음 설계했던 집 구조에서 조금 손을 봤다.

총 4층 높이에 1층은 전면 주차장으로 활용하기로 하고 집과 사무실 등은 2~4층으로 정했다. 자신이 쓸 사무실은 2층으로 두고 3층은 집으로 활용했다.

그러다 보니 4층 공간이 남아 주변시세대로 전월세를 놓게 됐다. 30평형대에 방이 3개인데다 주변은 오래된 다세대주택들뿐인 곳에서 신축 건물에 건축설계사가 직접 지은 집이라는 소문을 듣고 많은 사람들이 문의해 왔다.

그러나 원래 작업실과 거주 목적으로 지은 건물이라 임대수익에 대한 욕심이 없었던 그는 주변시세보다 조금 더 쳐주겠다는 임차인의 설득에 임대를 했고 지금은 좋은 이웃이 됐다. 전세보증금 2억5000만 원에 다달이 40만 원의 월 임대수익도 거두고 있다.

'자투리땅' 이란 도로를 내거나 건축을 하다 남은 기준 평수에 미치지 못하는 소규모 땅을 말한다. 자투리땅은 도심지나 주택가 한편에 덩그러니 방치해 주로 야적장이나 쓰레기더미로 변한 땅이지만 적은 돈을 들여 자투리땅을 매입하면 활용가치가 충분하다. Y씨의 경우도 다세대주택 건물과 건물 사이 공터를 활용했다. 자투리땅의 크기를 보면 보통 33㎡(10평)에서 495㎡(150평) 규모까지 다양하다. 도로변 안쪽이나 주택가에 빈 땅이 종종 발견된다. 이러한 자투리땅을 싸게 매입해 입지나 주변 환경에 맞게 건축하면 부동산 틈새상품으로 가치를 부여한다.

자투리땅에 건축이 가능한 이유는 건축법상 '대지 면적 최소한도' 의 법 규정이 사라지면서 작은 필지 땅에도 건물을 지을 수가 있어서다. 자투리땅은 경매 물건으로도 많이 나온다. 서울의 경우 한 달에 100여 건, 수도권은 400여 건의 자투리땅이 나오며 선택의 폭도 넓다. 이 가운데 즉시 건축이 가능한 지목이 '대지' 인 경우도 약 50여 건이나 된다. 경매에 나오는 자투리땅은 권리분석이 안전한 게 대부분이어서 경매 초보자도 입찰에 참여하는 빈도가 높아 인기이다. 보통 공시지가의 70~80% 수준에서 낙찰돼 일반 매매에 비해 매우 저렴하게 낙찰되는 게 통례다. 싸게 나온 매물이라 해도 자투리땅은 잘 골라야 한다. 도로와 인접해 있거나 인근에 대학이나 공단이 있다면 적격이다.

감정가가 비싼 상업지보다 여러 용도로 개발할 수 있는 일반 주거지나 준주거지역이 낫다. 되도록 땅 모양이 정방형이고 북쪽으로 도로를 끼고 있어 일조권 영향을 적게 받는 땅이 좋다.

자투리땅은 설계를 잘 해야 가치를 높일 수 있다. 땅 모양뿐 아니라 건물 용도와 세입자를 감안해 차별화한 설계를 해야 준공 후 임대수익을 증가시킬 수 있다.

도로 이면이나 주택가 입구변의 자투리땅은 특히 개발 가능성이 매우 높아 틈새종목이다. 소규모 오피스텔, 간이음식점, 카센터, 원룸텔 등이 주 개발 아이템으로 꼽힌다. 주택가 일대는 원룸, 다세대주택뿐 아니라 커피숍, 미니주차장 등으로 활용하는 것도 한 방법이다.

적은 돈을 들여 자투리땅을 매입하면 활용가치가 충분하다. 자투리땅의 크기를 보면 보통 33㎡(10평)에서 495㎡(150평) 규모까지 다양하다. 도로변 안쪽이나 주택가에 빈 땅이 종종 발견된다. 이러한 자투리땅을 싸게 매입해 입지나 주변 환경에 맞게 건축하면 부동산 틈새상품으로 가치를 높일 수 있다.

못난 땅 성형하니 현금이 쏟아지다

경북 경산에 친척집을 찾은 C(55)씨는 한쪽이 평지보다 올라와 있는 땅이 매물로 나온 것을 보고 주변시세보다 싸게 매입했다. 인근 토지매매가는 3.3㎡당 30만 원 선이었으나 그는 급매로 주인이 내놓은 땅을 평당 20만 원에 사들인 것이다.

그는 다음 날부터 평탄화작업을 시켜 평지처럼 만들었다. 3개월 후 그가 산 땅은 주변시세와 똑같은 30만 원의 시세로 올랐다.

누가 봐도 매력적인 토지를 골라내는 일은 아무나 할 수 있다. 하지만 성공적인 토지 재테크를 꿈꾸는 사람들에게 이러한 땅을 점찍는 것은 그리 권할 만한 방법은 아니다.

좋은 입지조건을 가진 땅은 누구나 군침을 흘리는 땅이고 그만큼 가격경쟁력이 떨어진다. 때문에 투자를 하기에는 볼품없는 땅이지만 '성형'을 하면 가치 있는 토지로 탈바꿈할 수 있는 땅을 고르는 안목을 가지는 것이 중요하다.

부동산투자자 S(45)씨가 토지를 고르는 눈은 남들과는 조금 다르다. 투자 당시 볼품없는 땅과 집에만 투자한다. 결과는 항상 성공적이다. 조금의 노력으로 하찮은 땅의 가치를 상승시키는 재주가 있다.

그는 가격상승폭이 작고 발품을 많이 팔아야 하는 지방의 토지는 피해 주로 수도권 매물만 공략한다. 그 중에서도 현황상 길 없는 농지, 옆 필지와 비교해 모양이 반듯하지 않은 땅, 허름한 주택 등을 점찍는다. 이러한 부동산을 값싸게 매입한 후 관련법을 적용해 용도를 바꾸거나 개보수, 합필과 분필을 통해 가치를 높인다.

최근에도 S씨는 경기도 가평군에 소재한 땅을 되팔아 엄청난 시세차익을 거둬들였다. 이번에도 그가 산 땅은 누가 봐도 볼품없는 경사진 농지였다.

이 땅을 성토와 복토의 방법을 거쳐 주변 땅과 비슷하게 만든 다음 인근 공장용지로 용도를 바꿨다. 그 다음 실수요자에게 주변 지가보다 값싸게 매각하는 방식을 사용했다.

항상 지방자치단체 건축조례 관련 책을 끼고 사는 그는 건축과 부동산법률에 대한 해박한 지식을 밑거름으로 성공적인 투자를 하고 있다.

전업 부동산투자자인 K(47)씨 역시 못난 땅을 골라내 옥석으로 다듬는다. 정식으로 부동산을 공부하지는 않았지만 대학에서 건축설계를 전공해 자투리 개발에 관한 한 최고 경지의 고수에 이르렀다.

특유의 감각과 경험을 가진 그는 건물을 짓다만 남은 땅이나 빈 공터를 보면 개발가능성과 매각 후 이익 등을 계산한다. 이러한 그의 주요 전략은 개발지 가까운 곳에 위치한 중소 규모 자투리를 활용해 상가나 주택으로 개발한 후 되파는 것이다.

매입가격이 비싸더라도 최고 입지와 상권만 고집하는 것이 전략이다. 그런 다음 주변 상권의 특성을 감안, 미니 상가나 업무시설로 지은 다음 구분 시설로 잘라서 분양하거나 되판다.

매입가격이 비싼 만큼 분양가가 비싸고 초기분양률은 항상 실패한다. 그러나 지역이 개발되거나 상권성숙이 이루어지는 수개월 시점에는 어김없이 100% 분양에 성공한다.

성공 비결은 상권을 미리 예측하고 목 좋은 곳만 골라 비싸더라도 수요자들은 몰린다는 이치를 잊지 않는 것에 있다. 현재 100억 원 대의 자산가인 그는 토지 성형에 귀재로 불리며 승승장구하고 있다.

시세차익과 실수요 동시에 만족하다

서울 용산구에 사는 H(58)씨는 2000년부터 친구 가족과 함께 매년 충북 제천의 한 계곡에서 휴가를 보냈다. 계곡의 물이 깨끗하고 주변 경치가 좋아 주변에 집을 짓고 싶어졌다. 은퇴할 때까지는 휴가철이나 주말에 이용하고 정년퇴직을 하면 그곳에서 살겠다는 계획도 세웠다.

H씨는 2003년 계곡 주변에 매물로 나온 $660m^2$를 $3.3m^2$당 9만 원에 사들였다. 2006년에는 9000만 원을 들여 아담한 집을 지었다. 그는 이번 휴가도 그곳에서 보낼 계획이다. 현재 그가 소유한 땅값은 $3.3m^2$당 30만 원을 호가한다.

제천에 세컨드하우스(살고 있는 집 이외의 별장개념 주택)를 장만한 H씨의 경우는 시세차익과 실수요를 동시에 만족시킨 성공 사례다. 땅값도 올랐고 주말이나 휴가에 이용하는 만족도도 높기 때문이다.

그의 성공 비결은 단기 시세차익 욕심을 버렸기 때문이다. 물론 땅값 상승 기대는 생각도 하지 않았으며 자녀에게 물려주면 언젠가 땅 가치는 오를 것이라고 생각했다.

경치 좋은 곳에 휴가를 갔다가 세컨드하우스로 희망을 키우기도 한다.

특히 은퇴를 앞둔 베이비부머(1955~1963년생)들은 노후를 대비해 휴양지 세컨드하우스 장만의 꿈을 실현하기 위해 행동에 나서기도 한다. 이러한 경우 여유 있는 시간을 투자해 단계적으로 매물을 확인하고 투자하는 것이 바람직하다. 세컨드하우스는 수익형 부동산에 접근할 때와 조금 다른 측면에서 접근해야 한다. 수요자의 느낌이 좋은 곳이 곧 가치가 높은 곳으로 변하는 경우가 많기 때문이다.

조금씩 차이는 있지만 전원지역 세컨드하우스용 토지 값으로는 3.3m²당 20만~50만 원 선이 알맞다. 지역별로는 1시간 30분 전후로 갈 수 있는 수도권 인근 경기, 충청, 강원지역을 추천할 만하다. 은퇴 후에는 시간 여유가 많기 때문에 고속도로에서 다소 멀더라도 땅값이 좀 더 싼 곳을 주목할 만하다. 물론 세컨드하우스가 들어서는 지역을 잘 아는 것은 필수다. 고향 또는 친인척 거주지 주변이 좋고 여러 차례 방문해 보는 것은 기본이다.

외지인에게 배타적인 곳이 많아 마을 이장과 친분을 쌓는 것도 좋은 방법이다.

바다나 산을 끼고 있는 지역의 레저형 아파트도 주목받고 있다. 강원, 경기 가평·양평, 부산, 제주 등 인기 관광지의 소형 아파트나 오피스텔을 사들여 본인이 사용하면서 휴가철에는 관광객을 대상으로 임대를 놓는 방식이다. 아파트이기 때문에 이용하기 편리하고, 전원주택에 비해 쉽게 사고 팔 수 있는 게 장점이다. 이러한 상품으로 일본인 관광객이 많은 부산지역 아파트가 관심을 끌고 있다. 부산 '해운대 수자인 마린'은 레저형 오피스텔 개념을 도입해 좋은 반응을 얻기도 했다. 서울과 가까워 사계절 관광객이 많은 경기 양평과 가평 일대, 평창 겨울올림픽 특수가 기대되는 강원지역, 중국과 일본인 관광객이 많은 제주 등도 레저형 주거상품 입지로 알맞다.

　유명 휴양지 주변 아파트로 임대수익을 원할 때 가장 큰 문제점은 현지에서 임대관리를 해줄 업체를 찾는 일이다. 분양받을 당시 공급 업체로부터 임대 대행업체를 소개받는 것도 괜찮다.

전원지역 세컨드하우스용 토지 값으로는 3.3㎡당 20만~50만 원 선이 알맞다. 지역별로는 1시간 30분 전후로 갈 수 있는 수도권 인근 경기, 충청, 강원지역을 추천할 만하다. 세컨드하우스가 들어서는 지역을 잘 아는 것은 필수다. 고향 또는 친인척 거주지 주변이 좋고 여러 차례 방문해 보는 것은 기본이다.

땅의 가치는 '애물단지'에도 있다

강원도 평창에 거주하는 투자자 J(60)씨는 몇 년 전 경기도 청평 일대 한 호숫가 근처에 있는 땅을 봐뒀다. 이곳은 산 중간에 호수가 있어 경관도 뛰어나고 등산객들이나 일반 관광객들에게도 잘 알려진 관광 지역이다.

그렇지만 그가 봐둔 땅은 한쪽이 파여 있는 땅이었다. 주변 평균 땅값이 평당 3.3㎡당 30만 원선으로 J씨가 생각한 땅은 20만 원 정도에 불과했다. 그는 그 땅을 매입한 후 그곳을 평지로 만든다면 주변시세만큼 갈 것이라는 것을 직감했다.

그 땅을 매입한 J씨는 이후 한 달 동안 땅을 평평하게 만드는 작업을 진행했다. 한 달 후 그 땅은 매입 당시보다 3.3㎡당 10만 원이 오른 30만 원의 땅이 됐다. 몇 년이 지난 지금 그 땅의 시세는 60만 원이다.

J씨는 그 자리에 농장을 운영할 계획이다. 또 지방자치단체에서는 해당 지역 내에 농장을 운영할 경우 세금혜택은 물론 작물에 따라 지원금도 보조해 준다. 그는 못난 땅이라도 충분한 값어치를 받을 수 있다고 생각해 효과적인 활용을 위해 약간 손을 댔고 성공을 거둔 케이스다.

부동산 매물 가운데 흠이 없는 물건은 아무리 찾아도 없다. 또 장점이 쉽게 보이는 땅은 비싸다. 그러한 땅은 아예 시장에 나오지도 않는다.

땅에 투자하는 사람들은 토지를 매입할 당시 입지조건부터 각종 규제사항과 토지이용에 관한 부분까지 다양한 부분을 고려한다. 누가 봐도 좋은 땅처럼 보인다면 그만큼 가격이 높아 수익성은 떨어진다.

단점을 잘 저울질해서 장점이 단점보다 훨씬 많다고 확신이 선다면 즉시 매입해야 한다. 실제 땅 투자로 단기수익을 얻고자 하는 투자자들은 이러한 흠이 있는 못난이 땅을 가차 없이 기회로 생각하고 바로 매입하는 경우도 적지 않다.

토지 투자자들은 돈이 되는 토지를 눈앞에서 잡을 수 있는 기회가 자주 오지 않는다고 한다. 또 못난이 땅을 보고 어떻게 다듬을지 어떤 용도가 적합할지 주변규제 사항은 어떤 것들이 있는지 지속적으로 파악하게 된다.

일반적으로 투자자들은 한 필지 내에서 한쪽 부분이 푹 꺼지거나 움푹 팬 곳의 땅은 쓸모없는 땅이라고 생각하기 쉽다.

하지만 토지 고수들은 이런 '못생긴 못난이 땅' 을 그냥 지나치지 않는다. 오히려 이러한 땅이 높은 수익을 안겨주는 대박 땅이 된다는 것을 잘 알고 있다. 땅을 가공해 '예쁜이 땅' 으로 만들면 높은 수익을 얻을 수 있기 때문이다. 하자가 되는 부분만 없애주면 그 땅의 본연의 가치가 지가에도 그 영향을 미치게 된다.

토지 투자를 하다 보면 역발상을 통해 높은 수익을 얻을 수 있는 기회를 마주하게 된다. 일생생활에서도 마찬가지다. 우리 생활 곳곳에 역발상을 하면 기회가 되는 것이 많이 숨어 있다.

우리 주변에서 쉽게 지나치기 쉬운 것도 우리 자신에게 도움이 될 수 있고 기회가 될 수 있다. 선택만 잘 한다면 인생을 송두리째 변화시킬 수도 있다.

토지 고수들은 '못생긴 못난이 땅'을 그냥 지나치지 않는다. 오히려 이러한 땅이 높은 수익을 안겨주는 대박 땅이 된다는 것을 잘 알고 있다. 땅을 가공해 '예쁜이 땅'으로 만들면 높은 수익을 얻을 수 있다. 하자가 되는 부분만 없애주면 그 땅의 본연의 가치가 지가에도 영향을 미치게 된다.

역발상으로 인생을 송두리째 바꾸다

땅에 매력을 느낀 W(59)씨는 역발상을 통해 높은 수익을 얻고 있다. 강원도 동해 앞 바다 바로 앞 땅이 시장에 나왔는데 그 땅 뒤쪽은 절벽인데다 앞쪽은 바다와 연결되어 있는 낭떠러지 앞 푹 꺼진 땅이었다.

일반 투자자라면 그 땅에 투자할 엄두도 못 냈을 것이다. 바다 조망이 뛰어나더라도 바로 뒤쪽에 절벽이 위치해 있어 활용하기 꽤 까다로운 땅이기 때문이다. 그래서 그 땅은 주변시세보다 절반가량이 저렴한 3.3㎡당 50만 원에 시장에 나왔다.

W씨는 생각이 달랐다. 그 땅을 바로 매입했고 그곳에 펜션을 지었다. 낭떠러지에 펜션을 지은 셈이다. 낭떠러지 앞 푹 꺼진 땅에 3층으로 올린 펜션을 완성시키니 제법 운치가 있었다.

그러나 손님이 차를 주차하고 주차장에 들어가면 그곳이 바로 낭떠러지 바로 앞이었다. 푹 꺼진 땅에 펜션을 지었기 때문에 그 층이 2층이 된다. 1층은 낭떠러지 지하인 셈이다.

결과는 기대 이상이었다. 미리 예약을 하지 않으면 방이 없을 정도로 펜션 사업은 대박을 냈다. 펜션 방이 10여 개가 되고 하루 숙박비가 방 1

실당 15만 원 선으로 하루에만 150만 원 이상의 임대수익을 내고 있는 중이다. 땅 가치도 덩달아 상승해 현재 3.3㎡당 100만 원 이상 하고 있다.

2년 전부터는 이곳에 대규모 화력발전단지가 들어선다고 해서 인구 유입에 대한 기대감으로 천정부지로 땅값이 치솟고 있다. 가만히 나둬도 하루가 다르게 땅값이 상승하고 있다. 은행이자가 한창 높았을 때도 이보다는 못했을 정도다.

이미 조그마한 어촌마을에는 건설 인부들이 거주하는 조립식 건물(월세방)이 모자랄 정도다. 주말은 물론 평일에도 W씨의 펜션은 건설 관계자와 이곳에 땅을 매입하러 오는 투자자들로 만실이다.

인근 마을에서 허가를 내 식당도 운영하고 있다. 원체 작은 마을인데다 예전에 살고 있던 인구도 얼마 되지 않았기 때문에 별다른 식당도 제대로 갖춰져 있지 않았기 때문이다.

그나마 대단위 화력발전단지 공사로 인해 건설인력들이 상주하는 통에 최근 들어 식당들이 여기저기 영업을 시작했지만 여전히 갑자기 불어난 인구를 감당하긴 힘든 상태다. 그는 이처럼 조그마한 시골마을에서 도심보다 더 나은 수익을 올리고 있다.

땅 투자를 하다 보면 역발상을 통해 높은 수익을 얻을 수 있는 기회를 마주하게 된다. 하지만 역발상을 하기 이전에 땅 투자의 기본과 이론에 충실해야 한다는 것을 명심해야 한다.

일상생활에서도 마찬가지다. 우리 생활 곳곳에 역발상을 하면 기회가 되는 것이 많이 숨어 있다. 우리 주변에서 쉽게 지나치기 쉬운 것도 우리 자신에게 도움이 될 수 있고 기회가 될 수 있다.

돈이 될 수도 있다. 지금이라도 우리 주변을 잘 살펴보자. 혹시 아는가.

필자가 첫 투자를 역발상을 통해 수익을 얻어 지금까지 땅 투자자이자 땅 전문가로 활동하고 있듯이 역발상이 당신의 인생을 송두리째 바꿔놓을 수 있다.

땅 투자를 하다 보면 역발상을 통해 높은 수익을 얻을 수 있는 기회를 마주하게 된다. 하지만 역발상을 하기 이전에 땅 투자의 기본과 이론에 충실해야 한다.

절세지혜 100% 활용하니 수익률 쑥쑥

중소기업을 운영하는 C(63)씨는 요즘 고민이 생겼다. 전반적으로 경기가 어렵다지만 자신이 운영하는 회사가 경기를 타지 않는 업종이라 사업에 따른 고민은 아니다.

주변에서는 그가 소유하고 있는 땅이 정부 주도로 개발될 예정이라 국가로부터 거액의 토지보상금을 받을 수 있어 부럽다고들 한다.

하지만 토지보상금을 많이 받는다고 해도 그에 따라 거액의 양도소득세를 내야 하니 다른 사람들이 부러워하는 눈빛을 볼 때면 '남의 속도 모르면서……' 하는 생각이 들어 적잖게 속이 쓰린 것이다.

아무리 고민해 봐도 자신의 머리로는 쓰린 속을 달랠 길이 없자 필자를 찾아왔다. 그가 그렇게 고민했던 절세 방법은 그리 멀리, 그리 어려운 것이 아니란 걸 깨달았다.

땅을 거래하거나 보유할 경우 증여나 양도시 절세를 위한 노력은 필수다. 같은 시기에 땅을 거래해도 같은 세금을 내는 시대는 지났다.

필자는 C씨에게 땅을 거래하기 전부터 토지 소유주가 직접 투자수익률을 계산할 수 있어야 한다고 했다. 세금과 관련된 정부 정책은 필수적으로 체크하는 것도 빼놓지 말아야 한다고 당부했다.

가장 중요한 것은 세무 전문가를 믿고 도움을 받는 것이 확실한 절세 방법이라는 조언도 했다.

우선 C씨가 내야 할 양도세는 7억 원 정도였다. 이때 토지보상금에 대한 양도세는 세금의 20%, 연간 1억 원 한도 내에서 감면받을 수 있다. 5억 원이 넘는 C씨의 양도세의 경우 보상금을 2년에 걸쳐 나눠 받으면 좋다.

양도세 7억 원의 20%는 1억4000만 원, 이 액수가 감면 금액이지만 감면 한도 1억 원 이상에 걸리면서 실제는 6억 원을 내야 한다.

하지만 2년 사이로 나눠 받으면 상황은 달라진다. 첫해에는 4억 원, 이듬해에 3억 원의 양도세가 부과됐다고 하면 각각 20% 감면되는 상황이 되어 총 1억4000만 원의 세금을 절약할 수 있다.

다른 측면에서 접근하는 방법도 고려할 수 있다. 바로 증여세다. C씨가 토지보상금으로 자녀 명의로 땅을 매입했다면 그의 자녀는 증여세를 추징당하게 된다. 이러한 경우 현금증여를 우선으로 한다. 증여세를 낸 다음 남은 돈으로 땅을 취득하면 부담이 줄어들게 된다. 물론 이렇게 나가는 세금도 아까운 것은 마찬가지다.

그냥 본인 명의로 땅을 사고 2년 후 자녀에게 증여하면 어떨까?

토지 매입 후 2년이 지나면 증여세는 취득가액이 아닌 기준시가로 부과되기 때문에 과세금액이 줄어들게 된다.

이밖에도 연금보험이나 비과세 상품을 활용해 금융 과세도 줄이는 방법이 있다.

부동산에 투자할 때에는 세금부담까지 고려한 투자수익률을 계산해야 하며 세금관련 정책 추이는 늘 모니터링이 필요하다.

또 이러한 노력을 기울인 뒤 조세전문가에게 의뢰하는 게 '절세마인
드의 기본'이다.

투자수익 못지않게 중요한 것을 꼽으라면 전문가들은 이구동성으로 '절
세의 지혜'를 강조한다. 투자에 성공해 큰 수익을 냈다면 국가도 그만큼
의 수익을 세금으로 거둬들인다. 부동산에 투자할 때에는 세금부담까지
고려한 투자수익률을 계산해야 하며 세금관련 정책 추이는 늘 모니터링
이 필요하다.

돈방석 앉은 비밀 알고 보니 폐교 매입

전북 장수의 한 초등학교는 지난 2003년부터 농촌체험 프로그램을 운영해 친환경 상품을 구입할 수 있는 마을로 바뀌었다.

운영자인 L(44)씨는 직장을 퇴직한 후 친환경 상품 유통 쇼핑몰을 개설했다. 유통만 하던 그는 직접 농사지은 제품을 판매하고 싶어 귀농을 결심하고 우연히 교육청 사이트에 매물로 나온 지금의 장소를 보게 된 것이다.

당시 이곳은 폐교였다. 4년 전 문을 닫은 터라 그리 오래 방치되지 않은 덕에 3000평이 넘는 대지에 교사 1동, 부속건물 3동이 들어서 있는 이곳 상태는 비교적 양호했다.

3억 원을 투자해 폐교의 주인이 된 그는 낡은 교실을 숙소로 만들고 식당과 황토방, 유기농 야채밭, 허브정원 등을 꾸몄으며 적당한 공간에 눈썰매장까지 만들었다.

시설을 갖추다 보니 어느새 구입금액만큼의 비용이 들어갔다. 그러다 혼자 모든 것을 하기에는 너무나 벅찬 것을 알았다. 그래서 주주들을 모아 비용 부담도 덜고 이곳을 통해 나오는 혜택을 함께 누리는 윈-윈 전략을 펼치고 있다.

L씨 덕에 마을 주민들은 짭짤한 수익을 얻고 있었다. 주민들은 농사 체험 프로그램을 통해 자신들이 수확한 농산물을 판매하기도 하는데 그가 폐교를 매입하기 이전보다 판매량도 많이 늘어났다. 게다가 부족한 일손을 체험 참가자로 대치하는 일석이조의 효과까지 누리고 있는 것이다.

얼마 전, 한 해 이곳을 다녀간 숫자를 헤아려보니 약 1만 명이 넘었다. 가족단위는 물론 단체 연수도 많이 왔다. 이곳을 통한 이익은 그리 크지 않지만 직원 인건비와 관리비를 제외하고도 괜찮은 편이다.

게다가 주민들의 소득증대에 기여하고 직·간접적인 홍보 효과로 연계 쇼핑몰의 매출이 크게 늘어나 점차 더 큰 수익을 기대하게 됐다. 연계된 인터넷 쇼핑몰은 얼마 전 1년에 10억 원의 매출을 올리기도 했다.

폐교의 관리는 지역 교육청이 담당하고 있다. 각 지역 교육청은 자체적으로 해당 폐교의 임대와 매각 여부를 결정한다.

임대나 매각이 결정된 폐교는 지역 교육청과 도 교육청 홈페이지에 입찰공고를 낸다. 각 지역 교육청을 일일이 방문하는 것이 수고스럽다면 자산관리공사의 입찰정보 사이트 온비드를 통해서도 폐교 입찰 정보를 얻을 수 있다.

입찰에 참여하려면 우선 해당 교육청의 전자입찰 도입 여부를 확인해야 한다. 전자입찰을 시행하지 않는 경우 지역 교육청을 직접 방문해 입찰서류를 제출해야 하기 때문이다.

입찰에 참가하기 위해 제출할 서류 중 가장 중요한 것은 사용계획서다. 해당 교육청은 사용계획서를 사전에 검토한 후 폐교활용특별법상 활용 목적에 위배되지 않는 경우에만 입찰자격을 부여하고 최고가 입찰을 원칙으로 하고 있다.

서울과 5대 광역시를 제외한 8개 도 교육청을 조사한 결과 경기도와 강원도·충청북도는 임대를 원칙으로 하며 충청남도·경상남북도는 매각과 임대를 병행하고 있다.

전라남북도의 경우 매각을 우선으로 한다. 전남은 입찰 참가자가 없어 유찰되는 경우 일부 임대도 허용하는 실정이다.

입찰시 지역 주민과 외지인에 대한 차별은 없으나 지역 농민이나 주민들의 삶의 질을 고려해 지역 주민에게 우선적으로 매각자격을 부여하는 지방자치단체도 있다.

시크릿노트

폐교를 매입해 땅을 일궈 돈방석에 앉는 사례는 많다. 낡은 교실을 숙소로 만들고 식당과 황토방, 유기농 야채밭, 허브정원 등으로 꾸몄다. 이처럼 적당한 공간을 활용하는 것이 포인트다. 입찰에 참여하려면 우선 해당 교육청의 전자입찰 도입 여부를 확인하면 된다.

이익과 손실은 현장에 그 답이 있다

서울 강남구 도곡동에 사는 L(50)씨는 전원주택 사업을 하며 땅 잘 고르기로 소문이 나 있는 부동산 고수다. 그는 얼마 전 경기도와 강원도 일대에 연간 5채 이상 전원주택을 지어 분양했다.

사실 L씨가 지금의 사업궤도를 이룩하기까지의 과정은 그리 쉽지 않았다. 약 10년 전, 그는 휴가지인 강원도에서 보기 드문 전원주택 부지를 발견했다. 배산임수(背山臨水)에 풍치가 빼어난 지형이었다. 야트막한 임야에 자작나무와 조선육송이 빽빽이 들어섰고 앞에는 실개천이 흐르고 있었다.

그림 같은 전원주택을 지을 수 있다고 생각하니 흥분됐다. 평상시에는 침착하고 꼼꼼하던 그였지만 마음이 앞서 등기부상 권리관계만 간단히 확인한 뒤 볼 것 없이 임야인 전원주택 부지를 매입했다.

소유권 이전등기를 마치고 집을 짓기 위해 해당 지방자치단체에 형질변경 등 인허가 신청을 했다. 문제는 여기부터 시작이었다. 관할 관청에서는 마을 주민의 민원 때문에 허가를 내줄 수 없다는 회신을 보냈다. 처음에는 대수롭지 않게 생각했지만 찬찬히 들여다보니 문제가 꽤 심각했다.

마을 사람들은 대대손손 그 산에서 송이버섯을 채취해 연간 수백만 원씩 돈벌이를 하고 있었다. '일정 금액의 보상을 해주지 않는 한 전원주택을 지을 수 없다'는 게 주민들의 민원이었다. 요구 액수도 만만찮았다. 12가구에 2000만 원씩 총 2억4000만 원에 달했다.

L씨가 매입한 지역은 등기부상에 공시되지 않는 특수지역권이라는 것이 있었다. 이는 인근 주민들이 공동으로 다른 사람 소유의 땅에서 초목 또는 야생물 채취 등으로 수익을 얻는 권리를 말한다. 마을 사람들이 오랜 기간 송이버섯을 공동 채취해 온 땅이기에 특수지역권이 성립한 것이다.

그는 '울며 겨자 먹기' 심정으로 마을 사람들에게 2억 원이 넘는 위로금을 지급한 후에야 전원주택을 지을 수 있었다. 눈에 보이는 등기부상 권리관계만 봤다가 큰 수업료를 치른 것이다.

그 뒤부터 L씨는 땅을 살 때 등기부에 공시되는 권리와 함께 공시되지 않는 권리도 철저히 살폈다. 한 번은 경기도 소재 땅을 매입하려고 현장을 찾았다가 한쪽 땅이 파인 것을 발견했다. 땅 주인은 "별것 아니다"고 얼버무렸다.

의심이 든 그는 현장 사진을 찍어 필자에게 자문했다. 아니나 다를까. 필자는 등기부에 공시되지 않았지만 땅을 파놓은 형태로 볼 때 유치권(留置權)을 위한 터파기 공사일 가능성이 크다고 답변했다.

유치권이란 부동산을 신축 또는 수리한 경우 공사비를 받을 때까지 해당 부동산에 대해 공사비만큼의 담보를 설정할 수 있는 권리다.

민법 제320조에 명시돼 있다. 유치권이 성립하기 위해서는 법률적으로 다섯 가지 사항에 부합해야 한다.

첫째, 유치권 대상은 물건(부동산·동산)과 유가증권이어야 한다. 둘째, 유치권의 목적물(부동산·동산 등)에 관한 채권(받을 돈)이어야 한다. 가령 빌려준 돈을 못 받는다고 해서 채무자의 부동산에 유치권을 주장할 수 없다는 얘기다.

셋째, 채권이 변제기(돈을 갚아야 할 시기)에 있어야 한다. 넷째, 유치권자가 물건을 점유하고 있어야 한다. 다섯째, 유치권을 배제하는 법률 또는 계약상 사유가 없어야 한다.

필자의 도움으로 이 같은 법적 권리 사항을 숙지한 L씨는 땅 주인에게 유치권 설정 여부를 물었다. 상대방은 건물을 지으려고 터파기 공사를 일부 했지만 아직 공사비를 지불하지 않은 상태라고 답했다.

결국 매매대금에서 유치권 우려가 있는 공사비 8000만 원을 공제하고 땅을 매입했다. 만약 이러한 사실을 모르고 샀더라면 800만 원의 공사비를 고스란히 덮어쓸 수 있었다. 땅을 전문적으로 투자대상으로 생각하는 사람들, 소위 토지투자 전문가들은 특수지역권이나 유치권처럼 등기부상 드러나지 않는 권리까지 꼼꼼히 챙긴다. 경험을 통해 등기부가 전부가 아니라는 학습효과가 생긴 것이다.

물론 드러나지 않은 복병을 확인하려면 발품을 팔아야 한다. 터파기 공사 여부는 현장을 돌아보지 않고는 알 수 없는 노릇이다. 문제될 만한 권리관계가 있으면 이를 해결한 후 부동산을 매입해야 한다. 등기부를 자세히 살피는 것도 기본이지만 초보자들의 경우 등기부를 봐도 무슨 내용인지 잘 모르는 경우도 있다. 등기부에서 부동산의 지번·지목·면적 등 토지·건물의 현 상황은 '표제부'라는 항목에 나와 있다. 소유권

과 관련된 권리 사항이 나오는 항목은 '갑구' 다. '을구' 는 소유권 이외
의 권리 사항이 담겨 있다.

우리나라 등기제도는 등기의 형식적 성립 요건만 갖추면 서류심사만으
로 등기할 수 있도록 돼 있다. 그래서 이로 인해 부동산 매입 후 등기
내용이 사실과 달라 손해를 보는 경우가 종종 생긴다. 투자하기 전 유치
권처럼 눈에 잘 보이지 않는 권리를 해결해 놓지 않으면 인수 후 큰 부
담이 돼 돌아올 수 있다.

제5장

경매에서 '돈맥' 파헤치기

근린상가 낙찰받아 연 9% 수익 챙기다

서울 강남에 사는 C(52)씨는 경매를 통해 경기도 화성 신도시의 한 근린상가를 낙찰받았다. 8개 점포가 들어서 있는 상가로 감정가격이 50억 원이라 망설였지만 인근 상가들이 8% 이상 수익률을 올리고 있어 자신이 생각하던 수준과 큰 가격 차이만 아니면 괜찮을 것으로 판단했다. 게다가 지인 3명과 공동 입찰해 감정가 대비 80% 수준인 40억 원에 낙찰받았다. 투자 부담까지 줄일 수 있어 나름 괜찮았다. C씨는 리모델링 후 임대료를 올려 받을 수 있고 8-9%의 수익률을 무난히 올릴 수 있을 것이라고 생각했다.

그의 판단은 정확했다. 경매를 통해 감정가보다 저렴하게 상가를 매입했기 때문에 수익률도 높일 수 있었다.

그는 1년 후 근린상가를 한 개 더 늘려 투자수익을 거두겠다고 결심했다. 그래서 혹시 저평가된 근린상가가 경매 시장에 나오는지 최근 들어 경매 시장을 유심히 살피는 중이다.

투자의 바로미터로 통하는 강남 부자들이 최근 들어 하나같이 경매로 수익형 부동산을 매입하는 분위기다. 상가, 오피스텔, 다가구주택 등 물건의 성격을 꼼꼼히 따진 후 일단 결정되면 경매에 적극적으로 참여하고 있다. C씨처럼 경매의 가장 큰 메리트는 수익형 부동산을 감정가보다 낮은 투자로 만족할 만한 수익을 거둘 수 있다는 점이다.

수익형 부동산은 안정적인 월세를 얻을 수 있어 최근 꾸준한 인기를 끌고 있다. 서울 강남과 서초, 송파 등 이른바 강남 3구에 사는 재력가들이 이 같은 수익형 부동산 매입을 통해 안정적인 수익을 올리면서 인근 부동산 사무실에는 문의와 대기 수요가 잇따르고 있다. 주로 50억~200억 원대 근린상가나 저평가된 지역의 오피스텔 등에 대한 문의가 많다. 그들의 레이더망은 비단 강남 인근에만 멈춰 있지 않다. 수익률을 따진다면 강남 못지않은 곳이 바로 강북과 비도심 지역 근린상가나 오피스텔이기 때문이다.

비교적 적은 투자비용으로 만족할 만한 수익을 거둘 수 있는 곳이 바로 비강남권 지역의 강점이다. 핵심 상권의 경우 감정가 대비 낙찰가율이 높아 초기 투자비용이 많이 든다는 이유에서다. 대학가 주변이나 KTX환승역 주변처럼 유동인구가 몰리는 지역의 상가나 오피스텔 중 저평가된 물건을 공략하는 것도 좋은 방법이다.

서울의 대학가 대부분은 상권이 보장돼 있는 만큼 값이 비싼 것이 특징이다. 때문에 비교적 많은 비용이 들어가는 고정 상권보다 아직 저평가된 곳을 매입하는 것도 좋다. 게다가 모든 대학가가 특수상권으로 취급되는 것도 아니다.

강북이나 경기도 인근에도 대학가가 밀집해 있는 지역이 상당히 많다. 이러한 곳을 찾아 경매 시장을 노크하는 것도 좋은 방법이다. 다만 시장에 매물이 나왔다면 반드시 그 물건을 직접 확인하고 주변 상권을 유심히 관찰하는 것도 중요하다.

경매에 대한 관심이 높아지다 보니 최근에는 큰 메리트가 없는 매물임에도 경쟁 과열 양상이 생겨 고가에 낙찰되는 사례가 종종 있다.

연 수익률이 은행이자보다 조금 더 높은 수준임에도 감정가보다 높은 낙찰가로 물건을 잡는 것은 그리 바람직하지 않은 케이스다.

특히 싼값에 낙찰을 받았다 해도 상가 내에 임차인을 비롯한 점유자가 권리금과 보증금을 요구하며 명도에 응하지 않는 경우가 많다. 이러한 경우 해결하는 데만 최소 3개월 이상 걸린다는 점을 사전에 인지하고 있어야 한다.

따라서 권리분석 과정에서 치밀하게 명도계획을 세워야 한다. 각 점포당 이사비용 명목의 합의금도 추가로 발생할 수 있다. 때문에 낙찰받은 후 명도반환 처리비용도 구입대금에 포함해서 수익률을 분석하는 것도 잊어서는 안 된다.

근린주택으로 주거해결 · 수익률 확보하다

서울 광진구 화양동에 사는 L(48)씨는 감정가 29억5492만 원의 인근 근린주택을 10:1의 경쟁률을 뚫고 낙찰받았다. 낙찰가율은 감정가의 78% 수준인 23억1000만여 원이었다.

현재 L씨의 근린주택은 점포 5개와 9세대의 거주공간이 있는 구조로 법원임차 조사에서 확인된 월세 수입만 700만 원을 거둬들이고 있었다.

서울 양천구 신정동 근린주택 경매에 참여한 J(44)씨는 자신을 포함한 9명의 입찰자가 몰리는 바람에 근린주택에 대한 최근 인기를 실감했다.

이 물건은 1층 근린시설, 2층 주택인 전형적인 '상가주택'으로 낙찰자는 1억4000만 원 상당의 보증금과 매월 50만 원의 월세 수입을 올릴 것으로 평가됐다.

J씨는 감정가 수준 96.6%를 써내 해당 매물을 낙찰받았다. 몇 년 전까지만 하더라도 근린주택에 투자하는 친구가 그리 부럽지 않았지만 이제는 자신보다 먼저 근린주택을 선택해 여러 물건을 사들인 친구가 달라져 보이기 시작했다.

실제 2012년 기준 근린주택의 입찰경쟁률은 평균 6.8명이다. 같은 기간 수도권 수익형 부동산(근린시설, 오피스텔) 입찰경쟁률(2.7명)과 아파트, 연립, 다가구주택 등 주거용 부동산(5.4명)보다도 더 높다.

입찰자들이 몰리다 보니 높은 가격에 낙찰되는 경우도 늘어나고 있다. 2013년 2월 초 서울 강서구 화곡동에 위치한 지상 5층 규모의 근린주택 경매에는 30여 명이 몰리면서 감정가의 104% 수준에 낙찰되기도 했다.

근린주택(상가주택) 경매 물건은 건물 일부를 상가로 임대해 수익을 얻을 수 있어 수익형 부동산에 대한 관심이 높아지면서 입찰자들의 인기를 한 몸에 받고 있다. 무엇보다 집주인이 직접 살면서 임대수익을 올릴 수 있다는 것도 인기의 요인이다.

일부 부동산 경매사이트의 자료를 보면 경매 시장에 나온 수도권 소재 근린주택 800여 채 가운데 감정가가 8억 원 이상 하는 고가 매물의 낙찰가율이 갈수록 상승하고 있는 것으로 나타났다. 감정가가 20억 원 이상 웃도는 고가 매물의 낙찰가율도 큰 폭으로 증가했다. 입찰 경쟁률도 평균 5:1을 넘고 있다. 주거공간과 상업공간이 함께 있는 건물인 근린주택은 흔히 저층을 상가나 점포, 사무실로 활용하고 고층은 주택으로 쓰인다. 고가물건이 많고 경기에 영향을 많이 받는 상가나 점포 등의 근린시설이 포함돼 있어 그동안 입찰경쟁률이 높지 않았다.

하지만 수익형 부동산에 대한 관심이 높아지면서 갈수록 인기 매물로 자리 잡아 가고 있다. 저금리가 지속돼 임대수익을 얻을 수 있는 물건에 관심이 쏠리는 까닭이다.

여기에다 부동산 시장이 점차 살아날 기미를 보이면서 상권이 형성돼 있거나 입지여건이 좋은 역세권 근린주택을 중심으로 입찰자들이 적극 입찰에 나서고 있는 분위기다.

필자의 견해로는 최근 투자자들 사이에서 수익형 부동산에 대한 관심
이 많아져 근린주택에 대한 인기는 지속될 가능성이 크다. 게다가 주거
시설과 근린시설이 결합돼 있는 만큼 권리분석도 보다 철저하게 이뤄진
다면 좋은 투자처로 각광을 받을 것으로 보인다.

낡은 여관 낙찰로 연 24% 수익 거뜬하다

서울 한남동에 사는 K(45)씨는 대학가 인근 낡은 여관을 2억1000만 원에 낙찰받은 뒤 총 수리비 1억5000만 원을 들여 원룸 20개를 만들었다.

총 투자비 3억6000만 원으로 월 600만 원의 임대료 수입을 올리고 임대보증금 6000만 원을 회수했다. 원룸 개조로 연 수익률을 무려 24%나 올리고 있는 것이다.

그는 몇 년 후 3억 원을 투자해 외국인이 많이 다니는 서울 이태원에 있는 중소형 빌딩 내 여관을 낙찰받았다. 그리고는 330㎡ 규모 한 개 층을 임차한 후 방 25개 정도를 만들었다.

낙찰가 외에 추가 비용은 시설투자비 3000만 원 수준, 현재는 1실당 월 30만 원을 받아 매달 500만 원의 수익을 거두고 있다. 총수입 750만 원에서 운영비와 세금, 금융비용 등을 제외한 금액이다.

K씨는 외국인들의 수요에 비해 공급이 부족한 것을 느껴 올해 안에 주변의 다른 빌딩을 임차해 비슷한 방법으로 외국인을 위한 알뜰 원룸을 오픈할 계획이다.

저가형 B&B(Bed & Breakfast) 여인숙은 여관과 모텔 틈새를 파고든 상품이다. 숙박과 아침식사만 제공하며 침대와 TV, 냉장고 등은 기본적으로 갖춰져 있다. 혼자 사는 직장인이나 동남아 관광객이 대상이다.

위클리 맨션은 1주일 단위로 사용료를 받는 틈새상품이다. 주로 지방에서 수도권으로 올라온 사람들이 대상이며 15~45㎡ 소형 면적에 가구를 설치해 방을 꾸민다. 서울 일원역 부근 오래된 상가를 임대한 N(48)씨도 병원 환자 가족들을 위한 풀옵션 원룸을 오픈해 큰 수익을 거두고 있다.

인근에 위치한 대형 종합병원에 통원하는 환자나 가족들을 대상으로 한다. 국내 대형 종합병원에 인접해 있어 지방에서 올라오는 장기 입원 환자 가족들 대부분이 근처에 머물며 간호를 한다. 때문에 병원 근처 중개업소에는 1~2개월짜리 단기 월세를 알아보는 수요자들의 발길이 계속 이어지고 있다. 이 일대 원룸 및 다가구주택 주인들 중에는 상가나 빌라 등을 원룸으로 개조하는 일이 늘고 있다. 지방에서 올라온 환자 가족들이 원룸에서 생활하는 것이 안정적이기 때문에 단기 월세를 선호하고 있다는 사실을 알고 나서부터다. 이들 주인은 N씨처럼 원룸으로 개조한 후 환자 가족들이 보증금 없이 계약할 경우 평균 100만 원 수준의 월세를 받고 있다.

서울 노원구 공릉동 원자력병원 근처에도 환자를 대상으로 한 원룸들이 늘어나고 있다. 이 일대 원룸은 보통 보증금 1000만 원에 월세 40만 원 수준이다. 그렇지만 환자 가족들은 보증금 없이 월세를 20만 원 정도 더 주고 계약하고 있다. 건물 시세가 강남 등 다른 지역보다 저렴하기 때문에 수익률도 높다.

높은 수익률을 거두고 있는 경매 부자들은 허름한 겉만 보고 판단하지 않고 다각도로 부동산을 살펴보며 투자가치를 찾아내는 특기를 발휘한다.

　수도권에선 아파트로 돈 벌기 힘든 시대이니 만큼 대학가 상권을 비롯해 지하철 역세권, 오피스 상권 같은 주변 지역의 경매 물건을 유심히 살펴보면 보물로 변할 애물단지를 캐낼 수 있다.

시세차익 20% 비밀은 도시지역 농지 낙찰

서울 대기업 인사팀에 근무하는 O(43)씨는 요즈음 바쁜 나날을 보내고 있다. 법원 경매장을 기웃거리는 까닭이다. 부모로부터 받은 유산과 그동안 모은 돈 2억5000만 원을 들고 법원 경매를 통해 땅을 사려고 하고 있다.

O씨가 찾고 있는 땅은 대도시 주변의 농지나 임야다. 시세대비 20% 이상 싼값에 낙찰받아 활용하면 짭짤한 시세차익을 남길 수 있다는 계산이다.

그는 낙찰받는 땅의 사용목적을 대지로 전용하거나 형질 변경해 건물을 지을 생각이다. 그렇게 할 경우 임대수익은 물론 웃돈도 챙길 수 있다고 판단하고 있다.

필자의 경험상 2억 원이란 투자자금이 넘어가면 분산투자를 고려하는 것이 좋다. 예컨대 땅을 이용한 개발 사업에 나설 수 있는 물건을 고르면서 분산투자를 통해 수익성과 환금성을 계산하는 것이다.

2억 원이 넘어가면 투자목적에 맞게 포트폴리오를 짜놓고 투자에 나서는 게 정석이다. 일부 투자자들은 단일투자를 하는 경우가 있는데 이

것은 바람직하지 못하다.

맹지를 사거나 개발계획이 수정되거나 취소될 경우 자금이 묶이는 낭패를 겪을 수 있다.

땅은 환금성이 떨어지는 상품이기 때문에 투자금액이 클 때는 여러 개를 사두는 게 더 현명할 수 있다.

이유는 간단하다. 만일 투자에 실패했다고 생각해 보자. 아찔하다. 투자금액이 큰 만큼 치명타를 쉽게 입는다. 따라서 확신이 섰을 때만 투자에 나서는 것이 바람직하다. 유사 투자사례를 모아 장단점을 비교해 보는 것도 하나의 방법이다.

서울 종로에서 금은방을 하는 S(50)씨는 지난 20여 년간 모은 여유자금 3억 원을 들고 땅 투자에 나섰다. 3억 원 정도면 아직 지정은 되지 않았지만 투자 유망한 뉴타운 땅을 사두면 향후 높은 시세차익을 기대할 수 있다는 판단에서였다.

맞는 말이다. 뉴타운이란 여러 재개발 구역을 한데 묶어 진행하는 광역단위의 계획적 개발을 말한다. 뉴타운으로 지정되어 개발되면 도로 등의 각종 기반시설이 잘 갖춰진다. 녹지, 교육, 문화 등이 조화를 이룬 쾌적한 주거지로 탈바꿈한다.

S씨는 아직 투자처를 찾지는 못한 상태다. 하지만 열심히 발품을 팔고 있어 조만간 투자에 나설 수 있을 것으로 보인다. 도심과 가깝고 입지 여건이 좋다면 비록 어느 정도 땅값이 올랐다고 하더라도 추가 상승을 기대할 수 있다. 이때는 과감히 출사표를 던져볼 생각이다.

2년 전 한 코스닥 종목에 2억 원을 묻어두었는데 이 종목이 호재로 주가가 2배 이상 뛰면서 5억 원이란 거금을 손에 쥔 H(48)씨는 최근 땅에 묻

어둘 요량으로 땅 투자에 나섰다.

하지만 금액이 금액인지라 투자할 만한 땅을 찾기도 쉽지 않다. 중개업소도 찾아가보고 현장도 뛰어보고 전문가들도 찾아봤지만 아직 마땅한 곳을 찾지 못하고 있다.

H씨 같은 경우는 택지지구나 산업단지 주변지를 노려봄직하다.

현재 전국 지도를 펼쳐보면 대규모 택지개발로 인한 토지 수용 보상금으로 인근 지역의 땅값 상승 현상이 나타나고 있다는 것을 알 수 있다. 또 산업단지 분양률이 높고 대기업 계열사가 입주한 지역은 자연적인 인구유입 증가로 주변 지가상승의 기대감을 가져온다.

혁신도시 주변지나 행정복합도시 주변지에 눈을 돌려봐도 된다. 이들 주변지는 인기가 한창이다.

혁신도시 주변지의 경우 특히 전국 땅값 상승률의 두 배를 웃도는 수준의 상승률을 보여주고 있다. 물론 각종 토지거래 규제에 묶여 사실상 거래가 어렵다는 단점이 있지만 향후 규제가 풀리면 커다란 수익을 얻을 수 있다.

중요한 것은 땅 투자에 어떻게 접근하는가 하는 것이다. 성공적인 투자를 위해 일단 철저한 자금 계획을 마련해야 한다. 그리고 꼼꼼히 따져 투자를 해야 낭패를 피할 수 있다.

땅을 고를 때는 최우선적으로 도로와 교통을 봐야 한다. 길은 통과도로와 진입도로가 있는지를 확인한다. 아무리 경치가 좋고 주위환경이 아름다워도 길이 없으면 땅값이 떨어진다는 것은 자명하다.

그 다음 점검해야 하는 게 입지와 개발전망이다. 입지는 땅의 주변 지역과 자연환경을 포함한다. 따라서 주변 지역의 개발가능성과 발전 전망을 잘 살펴보아야 한다. 이때는 땅의 모양, 향, 경계, 도로의 유무, 경사도, 지질, 주위환경 등을 살피는 것이 중요하다.

도시지역 농지를 낙찰받아 활용하면 수익률을 올릴 수 있다. 낙찰받는 땅의 사용목적을 대지로 전용하거나 형질 변경해 건물을 지으면 임대수익은 물론 웃돈도 챙길 수 있다. 땅의 물리적 현황을 알아내는 방법으로는 현장답사가 최고다. 실물을 확인하고 지적도로 재차 확인 작업을 거쳐야 안전한 투자를 하는 것이다.

목욕탕을 사무실로 개조해 수익률 높이다

S(55)씨는 서울 구로구 구로동 주상복합 지하 1층 사우나(전용 1186㎡)를 경매를 통해 낙찰받아 사무실로 리모델링했다. 임대수익을 목적으로 상대적으로 저가에 낙찰이 가능했던 목욕탕시설을 매입해 3개월 만에 완전히 새로운 공간으로 탈바꿈시킨 것이다.

낙찰가는 13억1000만 원으로 감정가인 38억 원의 35% 수준이다. 수차례 유찰로 경매 최저가가 9억1200만 원까지 떨어진 상태에서 가격메리트가 높아지면서 그나마 낙찰가격이 올라갔다.

대부분 입찰경쟁률이 낮고 낙찰가율이 30~40%에 불과해 목욕탕 시설만을 낙찰받는 전문가들도 있을 정도다. 유치권 등 권리관계가 복잡하게 얽힌 물건은 피하고 리모델링 등 보수비용 등을 감안해 접근할 경우 연 10% 이상의 높은 임대수익률을 거둘 수 있기 때문이다. 한 경매전문업체에 따르면 서울·수도권 기준으로 2012년 목욕탕시설(목욕탕, 사우나, 찜질방) 경매예상 물건수는 월 평균 40건이다.

50건대에 머물던 이전보다 큰 폭으로 줄었다. 지난 2010년에 목욕탕업계 구조조정으로 경매 물건이 크게 늘었다가 감소하는 추세로 낙찰가율은 대부분 30%대로 낮다.

목욕탕은 보일러, 배관 등 설비가 고가지만 다양한 용도로 쓸 수 없는데다 보수, 철거, 리모델링 비용 등을 모두 감안해야 하기 때문에 낙찰가율이 낮다. 건축법상 목욕탕시설을 2종 근린생활시설인 사무실로 바꾸기 위해서는 관할구청에서 용도변경을 허가받아야 한다. 주거시설을 상업시설로 변경하는 것은 어렵지만 목욕탕을 사무실로 바꾸는 것은 어렵지 않다.

경매에서 투자자들이 가장 꺼리는 게 유치권인데 이는 채권자가 신고만 하면 거의 받아주는 것이 목욕탕이다. 그런데 목욕탕 경매물건 중 기계설비업자가 유치권을 걸어놓은 것은 대부분 법적 유치권 성립이 안 되는 경우가 많다.

일단 수익형 부동산에서 가장 중요한 것은 수익률이다. 낙찰가율이 낮더라도 입지나 건물상태에 따라 철거와 리모델링 등 추가로 들어가는 비용이 다를 수 있기 때문에 목욕탕과 같은 물건이 저렴하게 나왔더라도 현장점검은 필수다.

목욕탕은 보일러, 배관 등 설비가 고가지만 다양한 용도로 쓸 수 없는데다 보수, 철거, 리모델링 비용 등을 모두 감안해야 하기 때문에 낙찰가율이 낮다. 철거시 금속가격을 업자들을 통해 도리어 받을 수 있어 철거 부담도 크지 않다는 장점도 있다.

다가구주택 낙찰받아 세 마리 토끼 잡다

서울 광진구 자양동에 사는 K(61)씨는 한때 주택연금 가입을 심각하게 고려했다. 은퇴 후 별다른 일거리가 없어 생활비를 벌지 못하고 있었던 데다 자산이라고는 아파트가 유일했기 때문이다.

필자는 K씨의 사정을 듣고 다가구주택 투자를 권했다. 거주 중인 110㎡ 아파트를 처분해 매월 고정적인 임대수익이 나오는 다가구주택에 투자하면 거주와 임대수익을 동시에 올릴 수 있다는 판단에서다. K씨는 아파트를 처분하고 대출금을 갚은 후 현금 3억5000만 원을 마련했다. 3개월여에 걸쳐 발품을 판 끝에 지역개발 호재가 많은 서울 송파구 문정동 역세권에 있는 8억 원짜리 다가구주택을 낙찰받았다.

지하철역과는 불과 5분 거리였다. 다가구주택은 대지 195㎡, 건평 495㎡에 지하 1층, 지상 4층으로 보증금 2억 원에 월 임대료 290만 원이 나왔다. 조금 모자란 2억 원은 대출로 해결했다.

건축물은 지은 지 10년이 넘어 내부 인테리어 공사를 다시 하면 임대료를 20%가량 올려 받을 수 있다는 컨설팅 결과를 듣고 그는 1000만 원을 들여 내부 도배와 화장실 보수공사를 진행했다.

예상대로 보증금 2억 원에 월 360만 원의 임대료를 받을 수 있었다. 4층은 100㎡ 크기로 K씨 가족이 사는 데 불편하지 않다. 대출금에 대한 이자 80만 원을 내고 난 후 순수 월소득이 280만 원으로 수익률은 연 8%에 달한다.

얼마 전부터는 인근 부동산사무실에서 9억 원에 매도해 주겠다는 연락까지 받아 시세차익까지 기대하고 있다. 만약 K씨가 투자보다 주택연금에 가입했을 경우 사망시 자식들에게 물려줄 집 한 채도 없었을 것이다. 하지만 지금은 편안한 주거 공간과 고정 임대소득을 얻는 것은 물론 상속 자산까지 챙겨 세 마리 토끼를 모두 잡은 셈이다.

다가구주택은 여러 가구가 사용하는 3층 이하의 주택이다. 1층이 주차장인 경우 4층까지 올릴 수 있다. 소유주가 건물전체를 소유하고 각 가구별로 주방과 화장실이 있어 독립된 주거생활이 가능하다. 법령상 단독주택에 해당되며 단 공동주택에 적용되는 건축기준 등에 적합한 경우에 한해 다세대주택 등으로 용도변경이 가능하다.

주택시장 침체에 따른 아파트 전세난으로 인해 전세금이 상승하고 있는 점은 최근 다가구주택에 눈을 돌리게끔 만드는 요인이다. 이 같은 시장흐름을 미리 파악한 투자자들은 다가구주택을 경매로 싸게 낙찰받은 뒤 약간의 리모델링을 가미해 짭짤한 임대수익을 올리고 있다.

다가구주택으로 임대수익을 벌기 원한다면 가능한 한 도로변과 떨어져 있어 주거환경이 양호한 곳을 고르고 주차시설이 구비된 주택을 선택하는 것이 유리하다.

전용 주거지나 일반 주거지의 저층 중심의 주택이 밀집된 곳을 고르는 것도 좋다. 반면 준주거지나 근린 상업지의 주택은 주변이 상가 등 근린시설로 개발되기 쉬워 주거환경이 점차 떨어질 가능성이 있다.

수익성을 생각한다면 대지지분이 크고 재건축이 가능한 물건을 노려볼 만하다. 같은 값이면 거래가 활발해 현금화하기 쉬운 역세권의 주택이 좋고 이때 교육환경이나 주변시세 등 주변 환경도 고려해야 한다.

사전에 철저한 조사를 하고 건물의 노후 정도와 수익성을 검토하는 것도 필수다. 가격이 지나치게 싼 경우 자칫 건물이 오래돼 수리비가 매입가를 넘어서는 경우도 있어 주의를 해야 한다. 특히 내력벽이 부실할 때는 문제가 커질 수 있다는 점을 반드시 점검해야 한다.

시크릿노트

주택시장 침체에 따른 아파트 전세난으로 인해 전세금이 상승하고 있는 점은 최근 다가구주택에 눈을 돌리게끔 만드는 요인이다. 매월 고정적인 임대수익이 나오는 다가구주택에 투자하면 거주와 임대수익을 동시에 올릴 수 있는 기회가 만들어진다. 경매로 싸게 낙찰받은 뒤 약간의 리모델링을 가미하면 짭짤한 임대수익을 기대할 수 있다.

소형 아파트 낙찰받아 예금보다 3배 챙기다

서울에서 직장에 다니는 K(33·여)씨는 대학 졸업 후 친구들에게 밥 한 끼 사지 않는 짠순이 소릴 들어가면서 모아놓은 4000만 원을 들고 투자할 곳을 찾고 있다.

투자컨설팅을 통해 현재 그녀의 돈으로 아파트 2채를 살 수 있다는 말을 듣고 자신의 귀를 의심했다. 게다가 수익률도 연 10%에 달할 수 있다는 말도 했다. K씨는 당장 현장을 찾아가 꼼꼼히 분석한 후 투자를 결행했다. 강원도 춘천시 내에 있는 공급면적 40㎡의 소형 아파트였다.

이 아파트는 임대아파트에서 분양 전환된 곳으로 매매가는 3600만 원이었다. 국민주택기금 대출 1700만 원을 승계하고 보증금 500만 원을 제외한 실제 투자금은 1400만 원에 불과했다. 매월 월세 20만 원을 받아 국민주택기금(연 5.2%)이자 7만 원을 내고 나면 13만 원씩 수입이 생긴다. 연 수익률로 환산하면 11%에 달한다.

하지만 그녀는 이곳을 보다 저렴하게 구입했다. 바로 경매를 통해 낙찰받은 것이다. 그러니 정상적인 매매가보다 훨씬 많은 수익률을 기록하고 있는 셈이다. 이 돈을 은행에 예금했을 때보다 3배 가까운 수익을 올리고 있었다. 게다가 아파트 시세도 4200만 원에서 4500만 원, 그리고 조금씩 더 올라가는 추세다. 중대형에 비해 중소형 수요가 꾸준한 이유다. 수익형 부동산 투자를 은퇴자들의 전유물로 여겼던 시대는 지났다. 요즘은 2000만~5000만 원가량을 수익형 부동산에 투자하고자 하는 젊은 30대 직장인들이 늘고 있다.

서울이나 수도권 아파트 매매가가 오랫동안 하향세를 유지하면서 아파트를 투자대상이 아닌 수익형 부동산으로 보는 시각이 확산되는 기류에 젊은 20~30대 직장인들도 공감하고 있기 때문이다.

주택기금 대출을 이용하면 초기구입자금 부담이 적어 소액투자가 가능하고 분양 중이나 후에도 가격이 오르는 분양 시장의 특성으로 단기 차익을 볼 수 있다.

소형 아파트는 임대를 놓다가 소유주가 직접 거주할 수 있다는 점에서 노후대비와 임대사업이라는 두 마리 토끼를 잡을 수 있다는 장점이 있다.

낙찰받은 부동산으로 임대수익 극대화하다

서울 잠실에 사는 J(46)씨는 오피스텔 경매에 관심이 많다. 도심 오피스텔은 임대수요가 넉넉해 임대수익을 올리기에 좋기 때문이라는 판단에서다. J씨는 얼마 전 서울 마포구 합정동에 위치한 한 오피스텔을 감정가 1억5000만 원보다 약 2000만 원 저렴하게 낙찰받았다. 잔금까지 치른 후 한 달 반 만에 인근 회사에 다니는 직장인에게 보증금 2000만 원에 월 75만 원의 세를 줬다.

서울 목동에 사는 H(52)씨도 경매를 통해 짭짤한 임대수익을 올리는 사람 중 한 명이다. 그는 경매를 통해 경기도 부천시에 있는 2000여 세대 아파트 단지 내 상가 2층 34m²를 감정가 8500만 원에서 1회 유찰된 가격 6400만 원에 낙찰받았다.

사실 H씨는 낙찰을 받았지만 상가 2층이라 사뭇 걱정은 됐다. 그러나 현재 이곳에는 학원이 생겨 보증금 1000만 원에 월 40만 원의 임대 수익을 챙기고 있다.

부동산 패턴이 임대수익 시장의 흐름으로 바뀌면서 경매 시장에서 수익형 부동산에 대한 입찰 열기가 뜨겁다. 경매 대중화와 고가 낙찰로 도심 상가는 물론 오피스텔 등 상업용 수익성 부동산 경매 물건에 높은 입찰 경쟁률과 낙찰가율 상승이 이어지고 있다.

저금리 기조가 지속되면서 한 푼이라도 싸게 매입할 수 있는 경매를 통해 물건을 잡고 주변시세보다 그만큼 저렴하게 세를 주면 안정적인 수익을 얻을 수 있다는 분위기가 투자자들 사이에 급속도로 확산되고 있는 것이다.

은행 정기예금의 금리는 연 3%대에 형성돼 있는 만큼 비싼 값을 치루고 분양받아 수익률을 얻으려면 최소 6%는 돼야 투자가치가 있는데 이러한 경우는 아주 드문 상황이다. 공급이 수요를 추월하면서 수익률 저하로 이어져 단순 매입 수익형 부동산에 집착해서는 이익을 보기 어려운 상황으로 바뀌는 형국이다.

최근 들어 이처럼 값싸게 장만해 임대수익을 얻기에 경매 시장만큼 좋은 투자처는 없다는 생각이 지배적이다. 경매 시장의 대표적인 임대수익 상품을 꼽으라면 상가와 오피스텔이다.

오피스텔 낙찰가율은 부동산 경기 침체 속에서도 70~80%대를 꾸준히 유지하고 있다. 물론 경매 시장에서 아파트 낙찰가율이 더 높지만 오피스텔도 아파트처럼 치열한 경쟁 후 낙찰을 받는 상황이 꾸준히 이어질 것으로 예상된다.

상가 몸값도 꾸준히 보합세다. 현재 근린상가의 낙찰가율은 50%대 이상이다. 시즌에 따라 약간의 편차는 있지만 다른 종목에 비해 비인기종목이었던 근린상가는 3~4회 유찰 후 낙찰가율이 40%를 넘지 못했지만 수차례 유찰 후 낙찰되는 비율이 갈수록 늘어나고 있다. 과거에 비해 투자자들의 꾸준한 관심 종목으로 체질개선이 되고 있는 것이다.

시세보다 20% 이상 싸게 낙찰받을 수 있고 지역 편차에 따라 연 임대 수익이 10% 전후를 나타내기 때문에 일반 매매나 분양 시장과 비교해도 짭짤한 수익을 기대할 수 있다. 물건공급도 꾸준해 얼마든지 값싸게 임대용 부동산을 경매로 잡을 수 있다.

우량물건을 잡기 위해 현장조사를 잘해야 한다는 점은 늘 고려해야 할 대목이다. 수익형 부동산은 아파트와 다세대 등 주택과 달리 세입자를 들여 월세를 받는 부동산이기 때문에 입지와 상권조사를 치밀히 해야 한다.

마음에 드는 경매 물건 몇 개를 정한 뒤 꾸준히 입찰하는 것도 괜찮다. 높은 값을 써내 낙찰을 받게 되면 가격경쟁력이 떨어져 수익성을 높일 수 없는 것은 당연하다. 무조건 최저가 수준으로 여러 건을 입찰하는 게 값싸게 낙찰받는 비법이다.

역세권 낡은 주택이 황금알로 재탄생하다

서울 종로구에 사는 S(47)씨는 경매를 받아 자신이 소유하고 있던 서울 성북구 돈암동 소재 낡은 다가구주택을 리노베이션해서 종전보다 두 배 가까운 임대수익을 챙기고 있다. 임대수익용으로 전면적인 개·보수를 실시한 덕분이다.

S씨의 주택은 길 코너에 위치하고 있었다. 3층은 35평에 방 3개와 화장실 1개, 주방, 사용하지 않던 옥탑방이 있었다. 그는 먼저 내부평면을 재배치한 다음 안전점검을 통해 개조를 해도 되는 부분과 개조할 수 없는 부분을 확인한 다음 공사에 들어갔다.

3층은 거실의 일부를 방으로 배치하고 화장실 하나를 증설했다.

3층 거실 현관 옆에는 원형계단을 설치해 옥탑방을 이용할 수 있도록 복층 형태로 변경했다. 대신 옥탑방의 부엌을 없애고 화장실을 만들어서 부부가 거주하는 독립적인 공간으로 꾸몄다.

1층은 리노베이션 후 상가로 활용하고 2층은 원룸주택 3개를 만들었다. 공사비용은 모두 8500만 원이 들었다. 하지만 실제 건평 35평에 옥탑방 6평을 활용할 수 있게 됨으로써 전체적인 공간은 40여 평 정도로 여유로워졌다.

게다가 공간 재배치로 실제면적보다 훨씬 넓은 느낌이 들었다. 실내에 계단을 설치해 옥탑과 연결, 층간 출입이 자유로워졌고 공간 활용도를 극대화했다.

S씨는 3층을 3세대가 살 수 있는 공간으로 만들고 1층과 2층은 임대를 했다. 1층과 2층에서 나온 임대수익은 보증금 8000만 원, 월 160만 원 수준이었다. 개조 전에는 보증금 4000만 원, 월 90만 원 수준이었지만 개조 후 2배 가까운 임대수익을 올리는 셈이다.

자신이 소유한 낡은 건물이나 주택을 리모델링해 임대수익형 상품으로 전환하는 것을 고려할 때는 기존 건물을 헐지 않고 편의성, 실용성, 수익성 및 효율성을 높이는 데 중점을 두어야 한다.

가장 신경을 써야 할 부분 중의 하나가 구조안전이다. 많은 비용을 투자해서 공사를 했더라도 구조에 문제가 있다면 다시 공사해야 하기 때문이다.

처음 설계에서부터 안전진단을 통해 어떤 부분을 개조할 수 있고 없는지, 구조 변경 가능 여부를 정확히 확인해야 한다. 집 구조를 바꾸면서 거실이나 방 크기를 조정할 때 건물의 기본 골격이 되는 구조벽이나 하중을 받는 내력벽은 아예 손을 대지 않는 게 좋다.

대규모 택지지구를 제외하고 건물이나 집을 신축할 수 있는 땅을 수도권에서 찾기는 쉽지 않다. 이 때문인지 S씨처럼 낡은 단독주택을 경매로 낙찰받아 근린상가나 연립 · 다세대 · 다가구로의 개발을 목적으로 응찰하려는 투자자들이 많아졌다.

단독주택의 가장 큰 장점은 감정가가 시세보다 낮아 저렴하게 낙찰받을 수 있다는 점이다. 아파트·다세대주택 등과 달리 마당 딸린 주택을 함께 매입하기 때문에 토지의 활용도도 높다.

지은 지 오래된 주택은 건물 상태가 노후화돼 건물 보수에 과다한 비용이 들어가거나 개·보수가 불가능한 집도 있으므로 입찰 전 건물의 내·외부를 살펴 흠이 있는지 확인해야 한다. 투자자금에 비해 전월세 등으로 회수되는 금액이 적어 자금이 잠기는 경우도 있으므로 주의해야 한다.

쪼개기를 금지하고 있는 지역은 신축을 금지하거나 차후 재개발시 아파트 입주권을 보장하지 않는 곳도 있다. 따라서 입찰 전에 반드시 확인해야 한다. 마당이나 뜰에 과수목이나 석물 등이 있으면 매각 대상에 포함돼 있는지 점검해야 한다. 노후 주택 매입 후 증축시 면적이나 층고가 늘어나면서 건축법상 저촉 부분이 생길 수 있으니 개·보수 전 리모델링 전문가로부터 확인해야 한다. 신축을 예상하고 있다면 건축법상 문제가 없는지 미리미리 살펴봐야 한다.

자신이 소유한 낡은 건물이나 주택을 리모델링해 임대수익형 상품으로 전환하는 것을 고려할 때는 기존 건물을 헐지 않고 편의성, 실용성, 수익성 및 효율성을 높이는 데 중점을 두어야 한다. 단독주택은 아파트·다세대주택 등과 달리 마당 딸린 주택을 함께 매입하기 때문에 토지의 활용도가 높다.

틈새시장 내 있는 안정적 임대상품이 좋다

서울 잠원동에 사는 D(42)씨는 오피스텔 경매에 관심이 많다. 도심 오피스텔은 임대수요가 넉넉해 월세 놓기에 제격이라고 판단해서다.

그는 꾸준한 노력으로 얼마 전 서울 서초구 신사동에 있는 전용면적 26㎡의 오피스텔을 감정가 2억1000만 원보다 저렴한 1억8800만 원에 낙찰받았다. 잔금을 내고 두 달 만에 인근 직장인에게 세를 줘 보증금 2000만 원에 매달 70만 원을 받고 있다.

서울 목동에 사는 M(50)씨는 상가 경매로 짭짤한 임대수익을 올리고 있다. 올 2월 경매를 통해 인천 연수구 아파트 2200세대 단지 내 상가 2층 27㎡를 감정가 7000만 원에서 1회 유찰한 상가를 5400만 원에 낙찰받았다. 2층 상가여서 비인기 종목이었지만 낙찰 후 중개업소를 통해 학원에 보증금 500만 원에 월 45만 원으로 세를 줬다.

부동산 투자 패턴이 '시세차익'에서 '임대수익' 위주로 바뀌면서 경매 시장에서 수익형 부동산에 대한 입찰 열기가 뜨겁다. 경매 대중화와 고가 낙찰로 인해 도심 상가와 오피스텔 등 상업용 수익성 부동산 경매 물건은 높은 입찰 경쟁률과 낙찰가율 상승으로 이어지고 있다.

저금리가 지속되면서 경매를 통해 한 푼이라도 값싸게 사서 주변 보다 저렴하게 세를 주면 안정적인 수익을 얻을 수 있다고 판단하는 실속파 투자자들이 늘고 있기 때문이다.

수익성 경매 물건에 투자를 할 때 고정관념을 벗고 다양한 투자 대상을 찾다보면 임대수익이 짭짤한 알짜 우량 투자처를 찾을 수 있다.

수익형 경매 부동산이 상가 오피스텔만 해당된다는 고정관념에서 한 발짝 물러나 시야를 넓게 하다보면 여러 고수의 투자대상을 찾는데 도움이 된다. 기존의 수익형 경매 부동산은 임대수익이 지속적으로 떨어지고 있는데다 누구나 입찰에 나서 경쟁이 치열하기 때문에 고수익을 얻기 어렵게 바뀌고 있다.

고수익을 가져다주는 '틈새' 임대상품을 찾기 위해서는 지역 특성을 고려해 아이디어를 발굴해야 한다. 상가나 오피스는 창고나 소호텔, 지하상가는 구분 사무실로 개조하면 고수익을 얻을 수 있다.

펜션과 아파트형 공장 등은 초기 투자자금을 낮춰 수익을 극대화할 수 있다. 남들이 기피하는 비대중적인 상품의 용도변경, 리모델링 과정을 거치거나 자투리땅을 개발한 후 수익을 얻는 등 값싸게 낙찰받아 짭짤한 수익을 거둘 수 있는 틈새 수익형 상품이다.

최근 수익성 경매 부동산의 낙찰가율이 계속 높아지는 추세다. 이에 따라 입찰장 분위기에 휩쓸려 고가에 낙찰되는 사례가 늘고 있다.

수익성 부동산은 부동산 상품 중 경기의 영향을 가장 많이 받는 투자 종목이다. 따라서 일단 사두고 보자는 식으로 여러 차례 유찰된 물건을 터무니없는 입찰 가격을 써내는 경우가 늘고 있다.

필자는 충분한 수익성 분석과 향후 수급동향과 경쟁시설 출현 여부

등도 잘 따져본 후 투자해야 시행착오를 줄일 수 있다고 조언한다.

싼맛에 상가나 오피스텔을 낙찰받았다가 임차인을 찾지 못할 경우 수 개월을 놀려 놓은 경우도 있고 또 낙찰받은 금액보다 터무니없이 낮은 임대료 수준에 실망하는 경매 투자자들도 적지 않다.

경매에 부쳐진 부동산은 대체로 상권 형성이 잘 되지 않아 임차인을 찾기 어렵거나 싼값에 세를 줘야 하는 매물이 제법 있다. 따라서 수회 유 찰해 가격의 거품이 충분히 빠진 다음에 입찰에 나서야 수익률을 높을 수 있다.

제6장

아파트에서
'돈맥'
파헤치기

고수들은 그들만의 혜안이 존재한다

아파트를 보유하고 있음에도 재건축아파트에 7억5000만 원을 투자한 J(61)씨는 당시 많은 사람들이 종합부동산세(종부세)를 꺼려 아파트 투자를 거의 포기하고 있던 상황이었다. 그러나 그는 종부세를 이리저리 비교하며 분명 투자의 길이 있다고 믿었다.

종합소득세는 금융자산의 이자소득을 배우자와 합산하지 않고 각각 계산해 세금을 적용하는데 종부세는 배우자와 합산해 세금을 적용했다. 그런데 금융자산이나 부동산은 분명 같은 자산인데 이처럼 세금적용을 하는 것은 형편성에 맞지 않아 곧 수정될 것이라고 생각했다.

아니나 다를까, 종부세가 결국 배우자와 합산하지 않고 각각 계산하는 방식으로 세금을 납부하게 됐다. 이에 따라 J씨는 매매시세 기준으로 2억5000만 원의 자본수익을 올렸다.

여러 상황을 통해 다룬 얘기지만 부동산 투자에 일가견이 있는 고수들은 냉탕과 온탕을 왔다 갔다 하는 시장의 변화는 물론 부동산 정책의 흐름을 있는 그대로 받아들이지 않는다.

정부의 규제가 심해도 이를 탓하지 않고 오히려 투자에 적극적인 모습을 보여준다. 그렇다고 해서 이들의 투자가 정부의 정책이나 시장의 흐름에 반해 이뤄지는 것은 절대 아니다. 투자에 나서기 직전 최근까지의 부동산 정책 변화를 면밀하게 분석하기 때문이다.

현재 전개되고 있는 부동산 정책이 향후에도 지속될 것인지 또는 새로운 방향으로 턴을 할 것인지 이러한 부분도 어느 정도 고려한다. 시장이 급변하는 놀라운 정책이 쏟아진다고 해도 다양한 측면에서 연구해 요리조리 응용할 수 있는 생각과 판단까지 고려해 투자에 임한다.

반면 투자에 서툰 사람들은 갈대처럼 정책의 바람에 따라 움직인다. 이에 역행하면 큰 실패를 맛볼 것이라는 고정관념이 있는지 의심스러울 정도다.

이러한 농도는 정책의 정도가 심하면 심할수록 더 강하게 나타난다. 향후 정부의 정책으로 인해 시장의 흐름이 어떻게 변하게 될지 가만히 앉아 눈으로 확인만 할 뿐이다. 나중에는 자신들이 그렇게 믿었던 정책으로 인해 투자 시기와 기회를 놓쳐 버려 결국 ‘정책이 그래서’ 라는 정부 탓으로 끝낸다.

부동산 정책은 시장과 어느 정도의 타협으로 변하고 있다. 가격이 낮아지면 부양책이, 높아지면 규제책이 나오기 마련이다. 그러한 와중에 투자에 대한 감이나 공부가 부족할 경우 민감하게 반응할 수밖에 없으므로 적잖은 영향을 받게 된다.

물론 시장원리에 따라 움직이는 것이 바람직한 것은 맞다. 수요와 공급에 따라 가격이 결정되기 때문이다. 그러나 이는 이론일 뿐 실제 시장에서는 다른 모습이 자주 발생한다.

우리의 부동산 시장도 이와 같이 수십 년의 시간을 보냈다. 지금도 마

찬가지이고 미래에도 크게 변하지 않는 비슷한 톱니바퀴에서 계속 번복
될 것이다.

　결론적으로 부동산 정책을 거슬러 투자수익을 낼 수 있는 혜안을 길
러야 한다. 고수들이 그렇다. 그들은 부양이든 규제든 어떠한 정책이 나
와도 흔들리지 않고 자신들의 관점에서 세심한 연구와 관찰을 한다. 정
책에 따라 불평불만만 계속 토해 낸다면 결코 부자가 될 수 없다.

고수들은 투자에 나서기 직전 최근까지의 부동산 정책 변화를 면밀하게
분석한다. 현재 전개되고 있는 부동산 정책이 향후에도 지속될 것인지
또는 새로운 방향으로 턴을 할 것인지 이러한 부분도 어느 정도 고려한
다. 다양한 측면에서 연구해 요리조리 응용할 수 있는 생각과 판단까지
고려해 투자에 나선다.

투자 반 년 만에 2배 이익 만끽하다

결혼을 앞둔 A(32)씨는 내 집 마련으로 고민에 빠져 있었다. 직장생활 3년 동안 열심히 모았다고 생각했는데 통장에 쌓인 돈은 3000만 원이 전부다. 당연히 이 돈으로 집을 마련하기란 하늘의 별따기다.

그래도 혹시나 방법이 있지 않을까 하는 마음에 매일 같이 퇴근 후 부동산 사무실 이곳저곳을 다니며 방법을 모색했다. 그러나 3000만 원에 집을 산다는 꿈 자체가 당장 현실이 될 수는 없었다. 그렇게 3개월 정도 서울의 웬만한 동네 부동산은 모두 다녀본 것 같았다.

그러던 어느 날, 필자와 상담을 한 그는 방법을 찾았다. 재개발이나 뉴타운이면 전세를 끼고 어쩌면 가능할 수 있을지 모른다는 조언에 화색이 돌았다.

마음 한 구석에서는 그래도 이미 프리미엄이 붙어 오를 대로 오른 재개발 지정지역에서 집을 산다는 것은 불가능해 보이는 듯했지만 필자의 얘기를 믿고 매물 찾기에 나섰다.

A씨는 그 후 회사 퇴근과 동시에 서울의 한 지역만 수십 번을 오갔다. 재개발 아이디어를 준 필자의 말대로 재개발이 이뤄질 가능성이 있는

동네인지 꾸준히 답사를 하러 간 것이다. 해당 지역 밑 동네는 뉴타운으로 이미 지정돼 있었지만 그가 향하는 곳은 제외됐던 곳이다. 그러나 지역 중개업소를 다니면서 재개발 가능성에 대해 많은 정보를 얻을 수 있었다.

A씨의 공부는 집에서도 계속됐다. 밤늦은 시간까지 컴퓨터를 켜고 지역에 대한 모든 정보를 취합하는 생활을 하루도 거르지 않았다. 그럴수록 지역에 대한 안목이 생겼다.

그렇게 수개월을 보낸 어느 날 지도를 유심히 보고 있던 그는 바로 이곳이라는 판단과 함께 투자 결정을 했다. 그렇게 해서 17평 남짓한 낡은 아파트를 3.3㎡당 500만 원씩에 계약했다. 실 투자금액은 8500만 원 정도였다. 투자한 지 7개월 만에 해당 빌라는 1억7000만 원까지 상승했다. 반년 만에 2배 이상 오른 것이다.

여유자금이 없어 투자를 못한다고 하는 사람들이 많다. 그러나 자세히 살펴보면 투자자금이 부족한 상황에서도 투자할 수 있는 곳이 있다. 그 중 하나가 바로 재개발 가능성이 높은 소형 아파트나 소형 주택이다.

20~30세대는 물론 마흔 살이 넘어서도 제대로 된 자기 집 한 채 못 가져 본 사람들이 생각보다 많다. 그러나 투자 얘기가 나올 때면 투자자금이 없거나 소액이라고 또 주눅이 들어 신세타령만 한다.

이처럼 시작하기 전부터 투자자금 타령을 한다면 일단 크고 비싼 아파트를 생각하는 눈높이를 낮추고 미약한 시도라도 해 보는 자세를 가지라고 권하고 싶다. 미약한 시도라도 할 수 있는 투자가 바로 재개발아파트나 주택이다. 신규아파트에 비해 가격이 훨씬 저렴하기 때문이다.

소액투자자가 재개발지역 투자에서 성공하려면 '각 단계별 진행 속도’에 따라 투자 타이밍을 제대로 결정해야 한다. 재개발 투자시 수익성을 가름하는 열쇠로 작용하기 때문이다. 일반적으로 개발 사업 시기가 많이 남아 있다면 시세가 저렴하고 시기가 임박할수록 시세가 높다.

싼 가격에 높은 수익률을 거두려면 구역지정이 아직 되지 않은 곳에 투자해야 한다. 장기 투자보다 일단 내 집을 마련하려는 사람은 구역지정 후 사업시행인가 3년 내에 입주할 수 있는 지역이 좋다.

지역을 선정할 때 너무 많은 사람의 얘길 듣는 것보다 본인이 원하는 지역을 선택하는 것이 가장 우선이다. 지역을 답사하고 전문가와 지속적인 상담을 통해 급매물을 노려보는 것도 이상적이다. 절대 서두르지 말고 기다릴수록 좋은 매물을 만날 수 있다.

재개발 가능성이 높은 소형 아파트나 소형 주택은 투자자금이 부족한 상황에서도 투자할 수 있는 곳이다. 싼 가격에 높은 수익률을 거두려면 구역지정이 아직 되지 않은 곳에 투자해야 한다. 장기 투자보다 일단 내 집을 마련하려는 사람은 구역지정 후 사업시행인가 3년 내에 입주할 수 있는 지역이 좋다.

미분양아파트 · 미계약아파트는 보석

살던 아파트가 오래돼 새 아파트로 이사를 가고 싶은 P(58)씨는 수익을 내기 위한 투자처가 아닌 일단 새집에 살고 싶은 맘이 우선이었다. 그러나 아파트에 대한 가격하락 요인이 많아진 만큼 선뜻 새 아파트를 매매한다는 것이 꺼림직한 게 사실이었다.

이래저래 고민을 거듭하던 어느 날, 집으로 친구가 놀러왔다. 자식들이 대학을 졸업하고 직장에 취업을 할 정도로 다 키운 것이 비슷해서인지 얘기도 잘 통하던 친구였다.

마침 새집에 대한 얘기가 나오게 되자 그는 자신의 생각을 친구에게 털어놨다. 아파트 가격이 계속 하락하고 있고 예전처럼 집을 매매해도 집값이 오르지 않아 새집을 사기가 고민된다는 내용이었다.

한창 P씨의 얘기를 듣던 친구는 얼마 전 미분양아파트로 이사를 간 동생 얘기를 했다. 건설사들이 미분양 매물을 처리하기 위해 집값을 낮추거나 덤으로 자동차까지 받았다는 것이다.

그날 이후 그는 미분양이나 미계약아파트를 찾아다녔다. 평소 관심을 갖고 있던 아파트 분양과 계약 일정을 꼼꼼히 체크하며 모델하우스도 빼놓지 않고 살펴봤다.

거주가 목적인 그는 노후까지 편안하게 살 수 있는 입지요건에 이왕이면 미분양으로 집값도 싸게 나온 곳을 주로 찾아다녔다.

미분양아파트를 꾸준히 찾아다닌 지 6개월쯤 지나 마침 자신의 거주지와 인접한 옆 동네 택지지구에 미분양아파트 물량이 몇 개 나와 있다는 소식을 접했다. 확인한 결과 한 아파트가 눈에 들어왔다. 반 년 동안 미분양 물량에 대해 제법 공부한 덕에 일단 매물을 확인한 후 미분양 원인 분석에 들어갔다.

미분양의 원인은 일단 부동산 경기가 가장 크게 작용했다. 수요가 잔뜩 움츠리고 있던 터였기 때문이다. 다른 지방자치단체의 사정도 마찬가지였다. 중소 건설업체가 분양한 아파트의 경우 대형 건설사 브랜드에 밀려 로열층마저 미계약 상태에 놓인 곳도 있었다.

그러나 P씨는 미분양이 난 상황을 도리어 기회로 여겼다. 택지지구의 새 아파트인데다 로열층을 골라서 계약할 수 있고 중도금 납부조건도 좋으니 일석삼조였다. 2년만 느긋하게 기다리면 좋은 결과를 얻을 수 있을 것으로 판단했다.

결국 일주일 동안 분석한 뒤 43평형 로열층을 계약했다.

그런데 1년도 되지 않아 정부의 다양한 부양책이 쏟아져 나오면서 그렇게 많던 미분양 물량이 몇 달 만에 모두 없어지고 프리미엄까지 붙게 됐다.

초기에는 웃돈이 1000만 원에 불과했지만 입주 시기가 다가오자 상승폭도 커져만 갔다. 지지부진하던 개발 호재가 P씨의 입주 직후 속도를 내기 시작하면서 침체 속에서도 해당 지역은 회복세를 타기 시작했기 때문이다.

사실 그의 경우는 운이 좋은 케이스였다. 원래 이 지역에는 중형 규모의 상업단지와 대형마트 등이 예정돼 있었지만 인허가 문제로 인해 시일이 늦어졌던 것이다.

P씨의 아파트는 당초 분양 초기보다 1억 원 가까이 올랐다. 알짜 미분양아파트를 탐색하고 분석해 '새 아파트 마련'과 '재산 불리기'라는 두 마리 토끼를 잡은 것이다.

미분양과 미계약은 비슷한 상황으로 굳이 따지자면 약간의 차이가 있다.

미분양은 청약 단계에서부터 순위를 채우지 못해 남은 것이다. 반면 미계약은 청약이 그런데로 잘 됐다 해도 당첨자들이 계약을 포기해서 남은 물량을 말한다.

미분양아파트는 청약통장이 없거나 1순위가 되지 않은 가입자, 분양권 프리미엄을 주지 않고 구입하려는 이들에게 유용한 내 집 마련의 방법이다. 미분양아파트는 주택 소유 등의 제한 없이 선착순으로 원하는 평형과 층수를 고를 수 있다. 미분양아파트를 계약한다 해도 재당첨 제한을 받지 않아 갖고 있는 청약통장은 사용이 가능하다. 중도금 납부 조건도 유리하다. 분양가를 깎아주기도 한다.

건설업체들은 미분양이 나면 자금 회전에 어려움을 겪기 때문에 값을 내려서라도 빨리 팔고자 한다.

미분양아파트는 계약금 일부만 낸다. 나머지 중도금은 입주 때까지 무이자로 융자하는 경우가 대부분이다. 발코니 새시를 공짜로 시공해주는 사례도 많다. 이사비용은 물론 최근에는 자동차를 주는 곳도 있다. 주택시장의 침체가 이어지고 있지만 주변 상황을 잘 고려한다면 미분양도 알짜배기 투자처로 잘 활용할 수 있다.

용돈벌이 이상으로 수익 창출시키다

여유 자금 1억 원으로 무엇을 할까 고민하던 Y(45)씨는 여러 군데 찾아다니며 재테크 상담을 받았지만 딱히 맘에 드는 투자처를 찾지 못했다. 투자자금도 많지 않을뿐더러 투자처로서 제시한 곳이 바로 지방의 소형 아파트였기 때문이다. 수도권도 미분양아파트가 판을 치는 마당에 지방에 투자하라니 선뜻 동의할 수가 없었다.

그러나 은행에 넣어도 금리가 워낙 낮은 탓에 딱히 쌈짓돈으로 들고 있자니 그도 아닌 것 같아 용돈이라도 벌자는 심정으로 필자를 통해 급매로 나온 강원도에 한 소형 아파트를 매입했다. 급매로 구입한 탓에 시세보다 2000만 원 이상 저렴하게 살 수 있었던 것도 좋은 출발이라고 생각했다.

결과는 대만족이었다. 확보한 급매물 아파트가 지금은 용돈벌이 이상으로 큰 수익을 내고 있다. 아파트 인근에 대학교가 있어 월세로만 다달이 50만 원씩 꼬박꼬박 들어오고 있다.

Y씨는 1년이 채 되지 않은 시점에 같은 단지 내 같은 평수의 아파트를 한 채 더 매입했다. 급매시보다 1200만 원을 더 주고 매입했지만 이곳은

아예 1년 임대료를 한 번에 받았기 때문에 제법 목돈이 투자수익으로 들어왔다.

Y씨처럼 최근에는 지방 소형 아파트에 투자해 임대수익을 거두는 투자가 새로운 틈새시장으로 각광을 받고 있다. 주로 1억 원 미만의 투자자금을 보유하고 있는 소액투자자들의 호응이 뜨겁다. 전용면적 33~60m² 미만 아파트가 매입 대상이다. 이 같은 아파트는 Y씨처럼 급매물로 나올 경우 더 저렴한 투자로도 만족할 만한 수익을 낼 수 있다.

서울과 수도권의 경우 소형 아파트의 수요가 갈수록 많아지고 있다. 1인 가구도 있지만 신혼부부나 3인 이내의 가정도 소형 아파트 거주가 가능하다는 이유에서다.

대학가나 업무지구 인근이라면 매매가격 상승에 따른 목돈도 노려볼 수 있다.

실제 서울과 수도권 부동산의 수익률이 하락하는 흐름이라 지방으로 눈을 돌리는 것은 틈새시장을 공략하는 방법 가운데 하나다. 수익구조는 기존의 오피스텔과 다가구주택 등과 별반 차이는 없다.

하지만 초기 투자와 유지비 절감이 가능하다는 것을 장점으로 꼽을 수 있다. 다세대나 다가구주택과 비교했을 때 세월이 똑같이 지났어도 유지보수 비용이 훨씬 적게 든다는 점은 장점으로 작용한다.

투자처로 고려할 곳은 대학교나 산업단지와 인접해 1~2인 수요가 확보될 수 있는 지방 거점도시인지 여부다. 최근 들어 지역 균형발전을 위해 중앙 정부에서 일부 지역을 혁신도시와 같은 특정 도시로 지정하는 곳이 하나 둘씩 생기고 있다. 따라서 이들 지역을 선점한다면 꾸준하면서도 알토란 같은 수익을 기대해도 좋다.

소형 아파트를 매입하더라도 비교적 큰 단지에 포함된 곳이 좋다. 임대수요를 위해서는 일단 교통이 편리해야 유리하다.

주의할 것은 지역 부동산에 대한 정보를 참고해도 좋지만 귀가 솔깃해져서 금방이라도 임대수익을 많이 벌 수 있을 것처럼 떠벌리거나 임대수요가 끊임없이 이어진다고 무조건 단정하는 곳은 피해야 한다는 점이다.

여러 중개업소를 통해 정보를 수집하는 것은 기본이다. 수차례 현장을 방문해 주변 입지와 생활 인프라 요건을 살펴야 한다. 발품 팔아 손해 볼 일은 없다.

객관성과 평정심으로 성공을 일구다

서울 목동에 사는 전업주부 S(50)씨는 처음 하는 아파트 투자에서 쓰디쓴 실패를 맛봤다. 물론 지금에서야 얘기지만 그 덕에 지금은 부자아줌마란 소릴 듣고 있다.

그녀의 첫 투자는 단순히 내 집 장만을 위한 것이었다. 사실 남편이 2~3년마다 한 번씩 출근지를 옮기면서 그동안 전세로만 살아왔다. 그러다가 어느 순간 이제는 내 집을 가져야겠다는 생각이 강하게 들어 투자에 나선 것이다.

마침 서울 강남으로 발령 난 남편과 아이의 교육 문제 등이 겹쳐 강남 일대 서너 군데의 아파트 가운데 한 곳을 매입하기로 결정했다. 당시 살고 있던 동네도 만족스러웠지만 일단 강남 쪽으로 옮기고 보자는 생각이었다.

한 달여 동안 발품을 팔다 주변이 제법 조용한 한 동짜리 나 홀로 아파트를 구경하게 됐다. 서울, 그것도 강남에 위치한 아파트임에도 흔치 않게 산자락 아래에 들어선 터라 맑은 공기와 깔끔한 주변 환경이 마음에 들었다.

안으로 들어가 보니 마음에 쏙 드는 것들이 한두 가지가 아니었다. 집주인의 감각이 돋보이는 세련된 주방과 욕실, 빛이 잘 들어오는데다 깔끔한 장롱으로 마감된 아늑한 안방은 물론 거실도 일부 리모델링을 거쳤는지 매우 편안한 느낌을 줬다.

근 한 달간 다녀봤지만 이러한 집은 처음이었다. 결국 대부분의 가구와 장을 그대로 인수하는 조건으로 집주인과 6억 원에 계약했다.

시간이 지나 3년 후 남편이 다른 곳으로 발령받게 됐고 아이도 이제 대학 진학을 앞두고 있어 집을 옮겨야겠다고 생각했다. 시세를 알아보니 3년 동안 오르기는커녕 5000만 원이나 더 떨어져 있었다.

물론 불편함 없이 3년간 잘 살아왔지만 막상 옮기려다 보니 손해를 봐야 한다는 생각에 잠이 오지 않을 지경이었다. 과거를 회상해 보면 주변에도 괜찮은 곳이 있었던 것 같았는데 막상 이곳의 인테리어에 평정심을 잃고 그만 5000만 원이라는 값비싼 대가를 지불한 것이다. 객관적인 판단보다 주관적인 느낌에 끌렸기 때문에 실패한 투자였다.

많은 사람들이 부동산을 투자하게 되면 막상 큰돈을 벌 수 있지 않을까 하는 기대감을 품고 있다. 하지만 아파트에 투자해 성공했다고 할 수 있는 사람은 5분의 1 정도 수준이다. 물론 낮은 성공률이라고 할 수는 없다. 그렇다고 아무나 20% 안에 들어갈 수 있는 것도 아니다.

많은 투자자들이 객관적인 판단보다 주관적인 생각으로 투자에 나섰다가 손해를 본다. 시대가 변해도 이러한 경우는 항상 존재한다. 지금도 새 아파트 모델하우스를 방문할 때면 내부 인테리어와 가구스펙에 역점을 두는 사람들이 많다.

부자들은 실내 분위기나 가구 등에는 눈길조차 안 준다. 허름하더라도 투자가치가 있다고 판단되면 언제든지 과감하게 투자로 연결한다. 그들은 투자를 결정할 때 평정심을 잃지 않는다. 그리고 객관적이고 이성적인 사고를 갖고 투자에 임한다.

견물생심(見物生心). 부동산 투자에 나설 때 경계해야 하는 말이다. 부동산 투자는 큰 금액이 오간다. 그만큼 신중하지 않으면 낭패를 보기 십상이다. 투자처를 결정할 때는 객관성과 평정심을 유지하는 것이 중요하다. 객관적이고 이성적인 사고를 갖고 투자에 임하면 그만큼 성공을 거둘 수 있는 확률은 높아진다.

지역인프라 활용하니 부자반열에 들다

서울 강남과 신촌 대학로에서 패스트푸드 매장을 운영하는 P(47)씨는 주변에서도 알아주는 부자다. 전체 자산은 70억 원 정도로 월수입으로만 3000만 원 정도를 올리고 있다.

P씨가 강남으로 이사한 것은 당시 중학교에 다니는 딸과 아들이 고등학교에 올라가는 시점이었다. 살고 있는 동네를 떠나 학군이 좋은 곳으로 이사를 해야겠다고 결심하고 지역 물색에 나섰다.

당시 그는 자신 또래의 동년배들보다 조금 늦은 감이 있지만 바쁘게 살다보니 아이들의 교육까지 신경 쓸 겨를이 없었다. 그는 살고 있던 아파트의 매도 계약을 마무리하고 이사 갈 지역에 대한 물색을 시작했다.

일단 교육 1번지인 강남을 고려했다. 주변 같은 또래의 아이를 키우고 있는 친구들도 강남권을 추천했다. 평소 신중한 성격의 소유자인 P씨는 꼼꼼히 살폈다.

일단 두 지역이 눈에 들어왔다. 바로 두 지역의 과거 수년간 집값의 변화를 비교해 봤다. 한쪽은 소형 아파트와 임대아파트가 많은 곳이었고 다른 쪽은 중형 아파트가 대부분이었다. 두 곳 중 중형대 아파트가 밀집된 곳이 전용면적을 비교하더라도 더 프리미엄이 붙어 있었다.

같은 강남권에 학군도 동일한데 왜 이러한 차이가 나는지 궁금해 직접 현장실사를 나갔다. 현장에서 그 이유를 바로 알 수 있었다. 같은 학군이라도 소형이나 임대아파트가 많았던 동네보다 비교적 중형 아파트가 몰린 지역이 학원이나 아이들 교육과 관련된 인프라가 훨씬 더 좋았기 때문에 차이가 났던 것이다.

두 동네 가운데 중형 아파트 밀집 지역을 선택한 P씨는 115.7㎡ 규모의 아파트를 6억5000만 원에 계약했다. 제법 수요가 많은 동네라 앞으로도 더 교육인프라 형성이 가능해질 것으로 예상하고 매입했다.

그의 예상대로 갈수록 학원가들이 생겨났다. 더 생길 수 없을 정도로 빼곡한데도 자고 일어나면 새로운 학원이 생겨 있을 정도였다. 아파트 매물이 나오자마자 게눈 감추듯 사라지는 곳이 바로 그 동네였다.

어느덧 이곳에 자리 잡은 지도 4년이 지나 막내가 내년이면 대학 진학을 앞두고 있다. 이에 따라 그 동네는 그에게 그리 큰 메리트가 없어졌다. 이제 쉬엄쉬엄 일하면서 전원생활을 즐기고 싶었다. 그런 생각을 한지 얼마 되지 않아 집을 바로 내놨다. 역시 수요가 많았던 터라 처음 매입할 때보다 4억2000만 원이나 더 받고 팔았다.

P씨의 사례는 실제 강남 대치동 일대에서 자주 일어났다. 시간이 지나 그때와는 상황이 달라졌지만 아파트 투자를 고려하는 사람들에게 던져주는 의미는 같다.

P씨와 같이 어느 정도 재산을 갖고 있는 사람들은 투자 대상을 정할 때 목적에 대해 분명한 분석을 한다. 패스트푸드 매장을 알아보러 다녔을 때도 마찬가지였다. 이미 부동산에 대한 수차례 경험이 있던 그였으

므로 점포든 집이든 미래가치를 어느 정도 따지고 들어가는 습관이 붙어 있었던 것이다.

아이의 교육이라면 대부분의 부모들이 물불을 안 가릴 정도로 열정을 보이는 곳이 바로 우리나라다. P씨도 그 중 한 사람이지만 아파트의 입지를 따질 때 아파트의 위치와 편의시설 등도 함께 고려해 선택했다.

보통의 부모들은 '아이의 교육이 우선이니 살다가 시간이 되면 옮길 건데' 라는 생각에 그치지는 게 태반이다. 하지만 P씨의 경우 어차피 옮긴다고 해도 투자가치에 대한 부분도 면밀히 살펴 성공을 일궈냈다.

과거 강남 일대의 집값이 천청부지로 오를 때를 살펴보면 이 지역은 강북을 비롯한 서울의 다른 지역과 비교해 사교육 시설이 월등히 좋았다. 그런데다 인구가 집중되면서 각종 편의시설과 연계된 상권까지 형성됐다. 이 점을 놓치지 않고 챙긴 것을 성공요인으로 꼽을 수 있다.

아파트를 고를 때는 내재가치를 넘어 지역과 사회 문화적 인프라에 대한 분석도 필요하다는 점을 꼭 염두에 두어야 한다. 이것이 어렵다면 점 찍어 둔 아파트의 지역 특성만이라도 확실히 파악을 하고 투자하는 것이 현명한 방법이다.

재건축아파트, 부지런하면 부자가 된다

오래전 서울 강남의 69.4㎡ 면적의 아파트를 1000만 원에 장만한 P(60)씨. 당시 강남 일대는 건물보다 논과 밭이 더 많았던 시절이었다. 중학교 교사였던 그는 2000년대 중반 아파트 재건축으로 109㎡를 배정받아 입주했다. 입주 후 가격은 9억6000만 원이었다.

물론 시간이 흘러 그만큼 강남 일대 모든 집값이 상승한 데에 따른 것이기도 했지만 P씨 입장에서는 매입 후 90배가 넘는 이익을 챙긴 셈이다. 그가 재건축아파트의 투자가치에 눈을 뜨게 된 계기였다.

P씨는 살던 아파트를 팔고 강남권 내에 다른 재건축아파트로 이사를 갔다. 3년 정도 살기만 했는데 집값은 또 올라 꽤 짭짤한 수익을 냈다. 그가 살고 있는 새 아파트는 계속 오름세를 이어가고 있었다. 하지만 이사 오기 전 살던 아파트는 그가 매매한 이후 조금 오르다 제자리걸음을 하고 있다.

이 같은 모습을 지켜본 P씨는 재건축아파트의 매매 타이밍에 대해 또 한 번 눈을 떴다. 어느 정도 오르다 한계점에 다다르면 팔아야 한다는 사실이다.

P씨는 지금 살고 있는 집이 강남 번화가 인근이라 본인과 가족들 모두에게 만족스러운 집임을 잘 알고 있으나 현재보다 집값이 더 크게 오르지는 않을 것을 알게 됐다.

그래도 혹시 놓친 부분이 있는지 전문가와 상담을 한 후 6개월 정도 현장 발품을 팔며 열심히 시장조사를 했다. 몇 개월 뒤 한강변에 급매로 나온 아파트가 있어 좋은 물건으로 판단하고 매입했다. 매입과 동시에 이곳으로 이사를 하면서 직전의 집을 처분했다.

두 번의 재건축아파트를 팔고 지금의 아파트를 매입하자 아파트 한 채를 더 매입해도 될 정도의 돈이 생겼다. 새집으로 이사한 후 인근의 조망권이 좋은 또 다른 아파트를 분양받는데도 성공했다. 그 당시엔 아파트 가격이 계속 상승하던 터라 두 곳의 프리미엄만 합쳐도 4억 원 이상이 더 붙었다.

재건축으로 투자수익을 거둔 부자들의 공통점은 새로운 아파트로 이사를 가더라도 거기에 안주하지 않는다는 사실이다. 수익이 높은 투자처가 나오면 이미 그 맛을 알기 때문에 쉬지 않고 다른 곳을 물색하러 다닌다. 이렇듯 언제나 투자의 맥을 찾아다니기 때문에 좋은 물건을 만나면 본능적으로 알아차릴 수 있다.

한 번 성공했다 해서 거기에 도취되지 않고 만족하지도 않는다. 부동산 투자를 통해 얻는 보람은 바로 끊임없는 노력으로 얻는 수익이다. 성공한, 아니 성공하고 또 반복해서 성공하는 사람들은 이 같은 길을 공통적으로 걷고 있다.

물론 지금은 P씨가 재건축에 투자하던 시절과 상황이 많이 바뀌었다. 서울의 재건축아파트는 특히 근래 들어 사업승인 후 재검토하는 과정에서 승인이 취소되는 지역도 나오고 있다.

재건축 이익환수제, 기반시설 부담금제 등이 도입되면서 수익성이 크게 악화된 게 원인이다. 때문에 과거처럼 재건축에 투자해 2~3배 이익을 내던 시절은 언제 다시 올 수 있을지 기약할 수 없다.

부동산 시장에서는 아마 그런 시절이 다시 올 수 있을지에 대해 회의적인 시각을 던지고 있다. 그렇지만 투자수익률을 조금 낮춘다면 분명 적지 않은 수익을 올릴 수 있는 기회가 언제든 눈앞에 놓일 수 있다는 사실을 잊어서는 안 된다.

부동산 투자에 성공한 투자자들은 한 번 성공했다 해서 거기에 도취되지 않고 만족하지도 않는다. 부동산 투자를 통해 얻는 보람은 바로 끊임없는 노력으로 얻는 수익이다. 성공한, 아니 성공하고 또 반복해서 성공하는 사람들은 이 같은 길을 공통적으로 걷고 있다.

'휴식과 수익'을 한꺼번에 거머쥐다

과천에 사는 W(50)씨는 정부청사의 지방 이전으로 큰 고민에 빠졌다. 같은 지역에 자신 명의로 되어 있는 중형규모(전용면적 105.6㎡) 아파트 2채가 전세계약 후 현 세입자들에게 매매하기로 했는데 중앙청사 공무원인 이들이 지방으로 내려가게 돼 취소될 상황에 놓였기 때문이다. 한 채는 은행 대출을 받아놓은 상태라 이자에 대한 부담도 녹녹치 않았다.

원래 두 곳 모두 전세 재계약을 할 때 월세로 전환하려 했었다. 그러나 그냥 전세로 재계약을 해주면 계약이 끝나는 시기의 집값을 토대로 집을 매매하겠다고 약속을 하자 전세로 계약을 했는데 그것이 화근이 됐다. 하지만 그들 사정도 충분히 이해할 수 있는 상황이라 억지를 부릴 수도 없었다.

필자를 찾아온 W씨는 자신의 고민을 털어 놓았다. 고민을 들은 필자는 일단 집을 매매해 은행 대출을 갚고 남는 자금을 다른 수익형 부동산에 투자하는 것이 가장 좋을 것 같다고 조언했다.

W씨도 하루하루 발생하는 은행 이자를 생각하면 당장 그러고 싶었으

나 마땅한 투자처를 찾지 못했다. 그런 그에게 강원도 지역의 임대수익형 아파트를 추천해줬다.

W씨는 그 길로 집으로 돌아가 강원도 내 중소형 아파트 분양 계획을 살폈다. 경관이 수려하거나 주말 관광객들이 많이 몰리는 지역을 유심히 관찰했다.

그는 자신이 좋아하는 계곡과 아이들이 좋아하는 바닷가 지역 두 곳을 선택하기로 했다. 한 곳은 82.5㎡, 다른 한 곳은 59.4㎡로 모두 중소형 규모의 아파트다. 자연경관이 좋아 별장형 아파트나 세컨하우스로도 손색이 없다.

게다가 주 5일제로 주말에만 반짝할 것이라는 예상과 달리 제법 수요가 꾸준해 2년 정도 지나면 시세보다 저렴하게 판 집값을 만회할 수 있겠다는 계산이 나왔다. 휴가 때면 자신도 이곳을 이용할 수 있다는 것도 만족스러웠다.

주 5일 레저수요가 급증하면서 지방의 임대수익형 아파트가 뜨고 있다. 1970~80년대 '도시로 도시로' 라고 외치던 때와 달리 삶의 질이 올라가며 쉴 때 쉬자고 생각하는 인구가 크게 증가했다. 이제는 외면받던 시골지역이 휴식과 관광을 위한 재충전의 터전으로 도시 사람들의 각광을 받고 있다.

최근 이 같은 수요를 예상한 별장형 아파트와 세컨하우스가 새로운 투자처로 급부상하고 있다. 발전이 더딘 지방 도시의 중소형 아파트의 실입주금은 3000만 원대로 가격에 대한 부담도 없다. 계약 조건도 계약금 10% 선에 중도금 융자 60%, 잔금 30% 방식이 대부분이다.

W씨가 투자한 강원도의 경우 2018년 평창 동계올림픽 개최지로 선정

되면서 새로운 철도와 도로시설 확장이 예정되어 있고 관련 인프라 공급이 늘어나고 있는 상황이다. 이로 인해 접근성은 물론 관광객들의 편리성까지 향상되고 있다.

이곳을 찾는 관광객은 계속 늘어나고 있는 추세다. 여름 휴가시즌이나 스키시즌에만 반짝하지 않는데다 지방자치단체의 다양한 관광상품 개발 노력 덕분에 사시사철 꾸준하다. 경기도 양평이나 오포, 가평, 청평 지역도 2000년도 중반을 전후해 수익형 빌라나 펜션사업이 성황하고 있다. 분양면적 174.5㎡ 규모에 가격은 보통 3-5억 원 수준이 일반적이다. 투자 후 연 수익률은 적을 때 5%에서 많은 경우 9~10%까지 올릴 수 있다. 대부분 비수기에 휴양·레저용 주택으로, 성수기에는 임대를 놓고 수익을 낼 수 있다. 필요시에는 본인이 레저용으로 이용하다가 사용하지 않을 때 임대를 줘서 수익을 올리기도 한다.

수요를 예상한 별장형 아파트와 세컨하우스가 새로운 투자처로 급부상하고 있다. 발전이 더딘 지방 도시의 중소형 아파트의 실입주금은 3000만 원대로 가격에 대한 부담도 없다. 계약 조건도 계약금 10% 선에 중도금 융자 60%, 잔금 30% 방식이 대부분이다. 다만 분양받기 전 운영업체의 능력과 역량 정도는 살펴야 한다.

모두가 'NO'라 할 때 'YES'하니 대박

은행에 다니던 L(46)씨는 대학 졸업과 동시에 취업을 한 케이스로 종자돈을 모아 30대 초반에 서울 방배동의 낡은 단독주택을 9000만 원에 구입했다. 대부분 아파트에 투자를 하던 때라 그리 비싸게 매입한 것은 아니었다.

이후 몇 년 동안 다시 투자자금을 모으는 동안 집값은 조금씩 올라갔다. 집을 담보로 받은 대출과 자신의 투자자금을 합쳐 6채짜리 다가구주택을 지은 그는 임대사업도 병행했다. 하지만 수년간 정부 정책과 비슷한 방향으로 투자를 했음에도 큰 재미를 못보고 일부 손해까지 감수해야 했다.

시간이 흘러 정년퇴직을 생각해야 할 나이가 된 L씨는 과감하게 정부 정책과 다른 방향으로 투자하는 것도 괜찮은 방법인 것 같아 시도해보기로 했다. 지금까지 시장의 흐름대로 투자해 큰 재미를 못 봤으니 이번에는 반대 흐름대로 투자해 보겠다는 생각이 든 것이다.

그가 이러한 생각을 할 시기는 아파트 가격이 고점을 찍을 때였다. 실수요자들은 서서히 매수를 꺼리고 있는 분위기였다. 게다가 대부분의 언론마저 투자의향이 있다면 일단 고려해야 할 시기라는 식으로 보도했다.

L씨는 이러한 분위기를 회의적으로 보기보다 오히려 투자의 기회가 될 수 있다는 생각으로 아파트에 투자했다. 아파트 가격이 고점임에도 수요가 여전해 가격이 내려가지는 않을 것이라고 판단했기 때문이다.

시중금리도 하향 안정세인데다 강남 일대는 수요에 비해 주택 공급이 더 필요할 것으로 보였다. 지인들의 만류에도 서울 반포에 있는 중형 아파트를 사들였다.

정부의 규제까지 있었지만 수요에 대한 열기를 누그러뜨리지 못해 집값은 상승했다. 양도소득세 비과세 기간을 채운 L씨는 2억 원을 더 받고 다른 곳으로 이사하면서 소위 청개구리 투자법의 대표적이 사례가 됐다.

L씨의 경우는 모두가 'NO' 라고 할 때 시장의 상황이나 변수 등을 감안해 'YES' 라고 할 수 있는 소신으로 성공한 케이스다.

실제 부동산으로 돈을 번 부자들의 투자 사례는 부동산 시장의 전망이 암울한 상황에서도 투자에 대한 소신을 갖고 적지 않은 수익을 얻었다. 정부의 규제로 시장이 소극적일 때 투자한 이들이 강남 소형 아파트에 투자해 적게는 수천에서 많게는 수억 원의 이익을 거뒀다.

이들은 부동산 시장을 규제할 경우 가격이 떨어지고 수요자 위주의 시장이 형성된다고 생각해 오히려 더 좋은 투자기회로 본 것이다.

그렇다고 시장에 대한 정부의 규제를 무조건 외면해 돈을 번 것은 아니다. 정부정책을 있는 그대로 받아들이는 소위 하수 투자자들과의 차이가 바로 이런 곳에서 나타나는 것이다. 하수 투자자들은 수요가 있음에도 정부의 각종 규제를 두려워해 그 정책을 그대로 흡수한다. 대부분 집값이 최고점에 있을 때 투자하는 잘못된 습관들이 있다.

고수와 하수의 차이는 난세에 극명하게 드러난다. 투자계획을 세울 때 항상 위기와 기회의 차이를 제대로 파악하는 사람들이 바로 고수들이다.

이에 반해 시장의 어려운 상황 탓만 하는 사람들이 바로 하수다. 항상 듣는 얘기지만 기회는 어려운 상황에서 더 많이 그리고 결정적으로 생기는 것이다. 남의 얘기가 아닌 바로 자신이 주인공이 될 수 있는 얘기임을 절대 잊어서는 안 된다.

제7장

상가에서
'돈맥'
파헤치기

낡은 상가주택으로 황금알을 줍다

공기업을 다니다 퇴직한 K(55)씨는 상가주택 경매로 내 집 마련과 함께 임대수익을 올리는 상품에 투자했다. 그는 도봉구 방학동에 3층짜리 낡은 상가주택을 매입했다. 당초 감정가는 7억 원이었으나 이보다 저렴한 5억1000만여 원에 낙찰받았다.

지하 1층, 지상 3층짜리 근린주택으로 지은 지 15년이 넘은 다소 낡은 건물이었지만 재래시장에서 가까워 입지여건이 좋은 편이었다. 낙찰 잔금과 등기이전비, 세입자 이사비 등을 합쳐 총 5억4000만여 원이 들었지만 시세보다 1억5000만 원 정도 싸게 매입한 셈이었다.

3층에선 노모를 모시며 그의 부부와 자녀 등 5명이 함께 살고 있어 주거문제도 해결했다. K씨는 낙찰 후 지하와 1층, 2층을 임대해 보증금 1억 원을 투자비에서 바로 회수했다. 아울러 매달 임대료로 220만 원의 수익을 올리고 있다.

K씨가 매입한 건물 상층부와 하층부는 각각 주택과 점포(근린시설)로 이용할 수 있는 형태로 주로 도심 상업지역보다 1~2종 일반주택지 초입에 위치해 있고 흔히 주택가에서 볼 수 있는 건물 형태다.

　1-2층의 저층은 근린업종이 입주해야 하는 만큼 목이 검증된 곳을 고르는 것이 중요하다. 2개 이상의 도로에 접해 있으면 수요자의 접근성이 좋아 안정적인 임대수익이 가능하다. 일반 거주지역이라도 지하철역에서 500m 이내 또는 멀지 않은 이면도로변 먹자골목 등은 성장가능성이 크기 때문에 이 점을 염두에 두고 경매에 입찰하는 것이 좋다.

　요즈음은 수익형 부동산에 대한 관심이 높아 경쟁도 치열해졌다. 그만큼 좋은 물건을 구하기가 점점 어려워지고 있다는 것이다. 그래서 이전과 같다면 연평균 10% 안팎의 임대수익률을 올리지만 최근에는 연 7% 전후의 수익률을 생각하고 투자하는 경우가 많다.

　물론 그래도 은행이자보다 높은데다 직접 거주하며 수익을 올릴 수 있다는 것이 큰 매력이다. 수익이 유망한 상가주택은 6m 이상 도로에 인접해 있고 저층에는 근린시설이 입주해 있을수록 좋다. 도로를 낀 주택가 초입이나 평지일 경우 도로에 접한 면적이 클수록 가치가 상승한다.

　은퇴세대들이 상가주택 경매에 관심이 많은 것은 노후대책용 부동산이라는 장점이 강하게 작용해서다. 은퇴 후 끊기는 수입을 충당하기에는 다달이 들어오는 임대수익만큼 안정적인 것이 없다고 판단하고 있다.

　대부분의 상가주택의 1층은 점포, 2층은 사무실이고, 3층 이상은 주거용으로 쓰기 때문에 고정적인 임대수익을 얻기 쉽다. 업무빌딩이나 상가보다 투자금액이 적고 상대적으로 세금규제가 적은 것도 매력적이다. 건물주 본인이 직접 거주한다는 것도 관리 차원에서 플러스 요인이다.

　최근에는 불황기 투자대안 종목으로 주택과 상가의 절충형 상품으로 꼽혀 임대수요가 풍부하고 소유주의 아이디어에 따라 얼마든지 수익성을 조율할 수 있다는 점도 부각되고 있다. 낡은 상가주택의 경우 시세보다 10~30%까지 낮게 매입할 수 있는 경매가 유리하다. 경매감정가는 건물이 낡을수록 저평가하는 특성이 있다.

상권이 보장돼 있는 곳이라면 그만큼 경쟁력도 높다. 단 입찰 당시 상권도 중요하지만 잠재성장력이 좋은 곳, 고밀도로 개발예정지와 수도권의 재개발 일대도 투자 유망지역으로 추천할 수 있다.

1~2층의 저층은 근린업종이 입주해야 하는 만큼 목이 검증된 곳을 고르는 것이 중요하다. 2개 이상의 도로에 접해 있으면 수요자의 접근성이 좋아 안정적인 임대수익이 가능하다. 일반 거주지역이라도 지하철역에서 500m 이내 또는 멀지 않은 이면도로변 먹자골목 등은 성장가능성이 크다.

이부제 상가 투자로 황금알을 줍다

서울 논현동 근린상가 1층에서 카센터를 운영하는 M(42)씨는 요즈음 하루하루가 즐겁기만 하다. 낮에 운영하는 카센터가 저녁이면 완전히 다른 실내포장마차로 변하면서 카센터 수익 이상을 내고 있다. 낮에는 카센터로, 저녁에는 실내포장마차를 운영해 이 지역에서는 제법 유명세를 타게 됐다.

그가 이 같은 경영방식을 선택한 것은 6개월 전 동네 부동산중개소를 통해 밤에 운영하지 않는 점포와 넓은 주차장을 이용해 술장사를 하고 싶어 하는 사람이 있어 이곳을 이부제로 운영하는 것이 어떻겠느냐는 제안을 받고서였다.

어차피 저녁에 문을 닫고 그냥 놔둘 곳이라면 가게로 활용해 보겠다는 문의였다. 처음에는 그냥 흘려들었으나 카센터 주변은 음식점과 술집들이 많은데다 밤마다 불야성을 이루는 상권에 있다 보니 충분히 승산이 있겠다는 생각이 들었다.

M씨는 평소 '형님'이라고 부르는 동네 보쌈집 사장에게 이 같은 얘길 털어놨다. 보쌈집 사장도 어차피 자신과 업종이 겹치는 것이 아니어서

결정만 하면 도움을 주겠다고 흔쾌히 거들었다.

그렇게 시작한 것이 지금은 카센터 매출을 능가하는 실내포장마차로 밤이 깊을수록 더욱 매출을 올리고 있다. 보쌈집 사장도 M씨의 가게에 온 손님들이 가끔 자신의 집에서 보쌈을 주문해 가는 통에 매출이 올라 덩달아 신이 났다.

서울과 수도권의 주요 상권에 위치한 점포 중에는 직장인들을 상대로 낮에 커피와 식사를 팔고 저녁이면 술집 등으로 운영하는 이른바 이부제 점포가 곳곳에 성업 중이다.

이부제 상가(점포)란 한 상가점포에서 시차를 두고 두 가지 업종으로 영업하는 방식을 말한다. 실용성을 중시하는 일본이나 미국의 경우 어느 정도 보편화된 운영방식이다. 같은 점포에서 서로 다른 2명의 점주가 같은 업종으로 번갈아가면서 영업을 하거나 다른 업종으로 바꿔가며 하기도 한다.

국내에서도 갈수록 이 같은 점포 운영방식이 늘어나고 있는 추세다. 경기침체로 인한 매출 하향세를 극복하기 위해 점포 점주끼리 뭉쳐 서로 비용을 절감하면서 수익을 거둘 수 있는 이러한 방식이 대안으로 자리 잡고 있는 것이다.

서울 강남이나 강북 할 것 없이 여러 형태의 이부제 영업이 활성화되고 있다. 이는 주변 업종들과 경쟁에서 우위를 점하기도 한다. 가장 큰 매력은 가격경쟁력에서 조금 나은 고지를 점령할 수 있다는 이점이 있다는 사실이다. 여기에 차별화된 서비스를 가미해 성공적인 수익을 거두고 있다.

그래서 점포 하나로 두 가지 업종을 운영하는 멀티형 점포와 점포 안에 점포 하나가 더 들어서는 샵인샵 형태로 운영되는 곳이 상당히 많아 졌다.

이 같은 추세는 갈수록 선호할 수밖에 없을 것으로 전망된다. 또한 2배의 매출이 가능하면서도 임대료는 그대로이다. 물론 점포의 원래 주력 업종이 부진하면 이부제의 다른 업종도 영향을 받을 수 있다.

이러한 점을 보완하려면 주위의 상권이나 유동인구의 특성, 다양한 여건을 보다 세세하게 따져본 후에 시작하는 것이 필요하다.

농지에 지은 상가로 황금알을 줍다

서울 잠원동에 사는 S(60)씨는 경기도 동탄 신도시의 농지에 근린상가를 세운 덕분에 부자가 됐다. 농지에 상가를 짓는다는 것이 그다지 쉽게 접할 수 있는 얘기는 아니다. 대부분 그런 생각을 하지 않기 때문이다.

하지만 S씨의 경우는 예외였다. 동탄 일대 건설업체들이 아파트를 짓는다는 소식을 접한 그는 농지로 쓰이던 인근 땅 대부분의 쓰임새가 변할 것이라고 확신했다. 이 같은 확신으로 해당 지방자치단체를 찾아가 도시지역에 편입될 만한 땅을 찾았고 농지 전용허가와 건축허가를 받아 상가를 올리기 시작했다.

땅값과 건축비로 5억여 원 정도가 들었다. 그러고 얼마 후 주변은 순식간에 아파트 공사로 붐비게 됐고 신도시에 대한 분양광고도 나붙기 시작했다. 이때 상가투자 가치를 알아본 소수의 투자가를 통해 상가는 어렵지 않게 임대하게 됐고 보증금으로 2억 원을 받아 투자자금 중 일부를 회수하게 됐다. 이후 보증금과 월세의 상승은 물론 상가의 시세도 천정부지로 올랐다. 하지만 아직 팔 때가 아니라고 생각한 S씨는 시기를 기다리고 있다. 현재 다달이 2500만 원의 임대료 수익을 올리고 있을 뿐만 아니라 상가 가격도 투자금의 4배가 넘어섰다. 아무도 생각하지 못한 농지를 이용해 노후는 물론 인생 역전의 발판을 마련한 것이다.

평소 꾸준한 관심으로 상가투자를 노리던 L(52)씨는 또 다른 성공 케이스다. 그는 강원도에서 작은 전원주택 건설업체를 운영하고 있다.

자신의 직업이 건설이다 보니 노후에 자신과 가족들이 살 전원주택 정도는 지을 수 있다고 생각했지만 은퇴 후 안정적인 수익을 올리는 방법이 마땅치 않다는 것이 고민이었다. 상가투자에 관심을 갖게 된 것도 그래서다. 직업상 이곳저곳을 자주 다니는 L씨는 시야가 탁 트인 A동네를 자주 보러가곤 했다. 농지가 대부분인 이곳은 고속도로와 국도가 인접해 있어 무엇으로도 개발을 한다면 좋은 곳이 될 것이라고 생각하던 터였다. 그러던 중 그에게 전원주택 건설을 의뢰한 한 고객이 찾아왔다. 자신이 봐둔 곳이 있는데 그곳에다 지어줬으면 한다는 것이다. 고객과 함께 집을 지을 부지를 보러간 그는 조금 놀랐다. 자신이 평소부터 눈여겨 봐 뒀던 바로 그 장소였다.

고객은 아마 1~2년 후쯤이면 이곳 일부가 관광지로 개발될 것 같다는 소문이 있어 이곳에다 3층 규모의 전원주택을 지을 것이라고 했다. 그러나 1층과 2층은 카페와 식당으로 운영해 노후에 대한 생활비 정도도 생각하고 있다고 말했다.

일단 사실 여부가 궁금해진 L씨는 고객이 얘기한 내용을 확인하기 위해 여기저기서 나오는 정보를 유심히 모아봤다. 꼬박 3개월을 고생한 끝에 고객이 얘기한 대로 이곳에 관광단지가 들어선다는 것을 확인할 수 있었다. 얼마 후 그는 인근 농지를 매입한 후 필요한 인허가 절차를 끝내고 3층짜리 상가주택을 세웠다. 평소 건설업을 하다 보니 관공서를 내 집 드나들듯이 했기 때문에 사전 지식이 많았던 그에게 인·허가문제는 그리 어렵지 않았다. 부족한 투자금은 은행 대출을 통해 충당했다.

현재 L씨는 상가를 통해 임대수익으로 매달 700만 원을 거두고 있다. 1층과 2층은 식당과 카페로 세를 줬다. 3층에는 자신이 직접 살고 있다.

전원주택 전문업체를 운영하던 노하우를 살려 도심의 상가주택과는 차원이 다른 건물을 지었다. 블로그와 같은 곳에서 아름다운 건물 등으로 자주 소개돼 이 지역의 또 다른 명물이 됐다. 결국 농지 활용을 통해 임대수익은 물론 안정적인 노후를 대비하게 된 셈이다.

신도시나 혁신도시 개발 붐이 일어나면서 주변의 농지들도 값어치가 상승하고 있다. 그러나 일단 대규모 아파트 단지가 들어서는 곳이어야 그 가치를 인정할 수 있다.

물론 상가를 지을 수 있는 농지여야 한다. 불과 몇 미터 차이로 농사짓는 땅으로만 써야 하는 경우가 있고 건물을 지을 수 있는 농지가 있다. 이는 농지 매입 전 해당 지방자치단체를 통해 향후 도시계획 방향을 파악해야 한다.

이후 건축설계 사무실을 찾아가 농지 전용 여부와 건물규모, 가능범위, 업종유치까지 전반적인 부분을 알아서 해준다. 토지의 등기부등본부터 지적도 이용계획확인원 등의 서류도 확인해야 한다.

신도시나 혁신도시 개발 붐이 일어나면서 주변의 농지들도 값어치가 상승하고 있다. 그러나 일단 대규모 아파트 단지가 들어서는 곳이어야 그 가치를 인정할 수 있다. 물론 상가를 지을 수 있는 농지여야 한다.

틈새시장 투자로 황금알을 줍다

공기업에서 은퇴한 K(57)씨는 얼마 전 퇴직금 일부를 투자해 자동차 전문상가에 투자했다. 주변에서 잘 나오지 않는 틈새시장이다. 은행금리가 낮아진지 오래돼 이왕이면 수익률을 더 거둘 수 있는 곳을 찾다가 우연찮게 투자자의 소개로 선택한 매물이다.

그는 투자 직전까지 자동차 복합전문상가 투자자와 상담한 후 비슷한 케이스에 투자한 사례를 찾아 수익률을 꼼꼼히 따져봤다.

투자자는 지속적인 임대관리를 보장하고 자동차 쇼핑상가의 희소성이 있어 흔히 알려진 투자 상품보다 수익률 면에서 훨씬 좋은 투자처라고 추천한 매물이다. 현재 K씨의 연 수익률은 8.5% 수준이다.

자동차가 생활에 필수 아이템으로 자리 잡기 시작하면서 대도시를 중심으로 자동차 관련 복합전문상가가 인기를 얻고 있다.

서울 수도권은 물론 광역시 권역에 있는 자동차 전문상가는 분양시 100%의 성과를 올리고 있다. 배후 수요가 풍부한 것은 물론 안정적인 임대수익을 올릴 수 있고 매출 급성장으로 임대료 인상이 가능하다는 것이 큰 장점이다.

특히 최근에 지어지는 원스톱 자동차 전문상가는 국내외 신차와 중고차 등을 전시, 사고 팔 수 있으며 자동차와 관련된 모든 것들을 한 곳에서 해결할 수 있다는 점에서 인기를 얻고 있다. 무엇보다 차를 사고팔 수 있는 공간이 비치돼 차와 관련된 업종에 종사하는 사람들이 고객이다.

자동차 딜러는 물론 할부를 알선하는 캐피탈 회사, 자동차 부품과 각종 행정적 지원 역할을 해주는 사무실 등 한곳에서 원스톱 서비스가 가능하기 때문에 관련 업종 종사자들 입장에서 같은 건물 또는 가장 가까운 곳에 사무실을 차리게 된다. 차를 전시하거나 주차할 수 있는 공간만 있다면 빌딩과 같이 특별한 시설이나 인테리어에 많이 투자하지 않아도 된다.

자동차 전문상가 하나가 세워지면 상가 내부는 물론 상가 외부 지근거리에 투자해도 수요가 많다. 인근에 낮은 소형 상가에도 자동차 전문상가와 연계돼 돈벌이를 하는 상권이 형성되기 때문이다.

음식점이나 편의점을 비롯해 각종 부대시설과 근린생활시설이 들어서고 또 다른 틈새상품으로 투자할 수도 있다. 중고차 시장이 형성돼 있다면 수리를 위한 카센터는 물론 각종 관련업종들까지 몰리게 돼 있다. 서울의 한 중고차 상권의 경우 일부 식당의 권리금만 수억 원에 이를 정도로 성업 중인 곳도 있다.

자동차 전문상가 외에도 공구·유통·가구 등과 같은 테마로 구성되는 상가도 있다. 이들 틈새시장은 소액으로 투자가 가능하고 임대차 관리나 상가 홍보 등을 전문업체에게 별도로 위탁하기도 한다. 때문에 소액을 넣고 일일이 신경 써야 하는 번거로움이 없어 편리하다.

주의할 점도 분명 있다. 공급과잉과 경기침체로 개업조차 못하는 경우가 생길 수 있어 경쟁력이 떨어진다면 당연히 공실 위험도 높아지는 것이다.

전문 상품만을 취급한다는 특징이 있어 가격이나 품목이 다양하고 한 곳에서 가장 최적의 상품을 선택할 수 있다는 장점이 있는 반면 일부 지역에 편중됐기 때문에 접근성이 떨어진다는 단점도 있다.

아파트형 공장으로 황금알을 줍다

대기업을 다니는 N(45)씨. 회사 동기들은 아이들을 키우며 대부분의 급여를 학원비나 과외비로 쓰고 있다고 하소연한다.

그도 이제 막 고등학교에 진학하는 아들 생각을 하니 3년 후부터 들어가는 아들 대학등록금과 생활비 때문에 남들이 부러워하는 대기업을 다녀도 막상 퇴직할 때쯤이면 수중에 모아놓은 돈이 별로 없을 것 같아 걱정이었다.

그래서 조금이라도 젊을 때 노후 준비를 해야겠다 싶어 투자를 생각했다. 투자라는 게 남들 얘기를 들으면 금방이라도 뚝딱 해서 돈을 벌 것처럼 들렸지만 막상 들으면 들을수록 어디서부터 어떻게 시작해야 할지 막막하기만 했다.

고민을 하던 N씨는 필자를 찾아왔다. 그리고 필자가 권한 안정적인 곳에 투자하면서 기회를 봐야겠다는 결론을 내렸다.

필자가 권해 준 것은 서울의 한 지식산업센터였다. 쉽게 말하면 아파트형 공장이었다. 40㎡짜리 상가를 약 5억 원 정도에 분양받은 N씨는 은행 대출 1억 원에 부모가 물려준 땅 일부를 팔아 매입금을 충당했다.

건물 1층 모퉁이에 위치한 그의 상가는 작은 교차로에 인접해 있는데다 주변 직장인들의 수요가 있어 현재 편의점이 입점해 있다. 보증금은 1억 원, 월세 400만 원을 받고 있다.

현재 N씨는 아들이 대학을 마칠 때까지 등록금 걱정은 안 할 것이란 생각이 들어서인지 편안한 마음으로 살고 있다. 아들이 대학을 마칠 때쯤이면 자신도 정년퇴직을 고려할 시기인 만큼 그 전까지 필자와의 상의를 통해 또 다른 상가 투자를 계획하고 있다.

지금 시대를 사는 보통 사람들이라면 N씨와 같은 상황을 대부분 이해하고 있을 것이다. 바로 먼 얘기가 아니라 지금의 내 얘기와 비슷하기 때문이다.

그래서 식지 않는 것이 바로 월급처럼 다달이 고정적인 수익을 얻을 수 있는 수익형 부동산 열풍이다. 하지만 많은 자금이 몰리는 만큼 투자 수익이 변변치 않은 경우도 적지 않다.

요즘에는 큰 수익률보다 안정적으로 수익이 나오는 점포나 상가를 갖고 있다면 그런대로 성공했다고들 한다. 수익률로 말하면 연 5% 안팎 정도다.

N씨의 경우는 어찌 보면 틈새상품으로 분류할 수 있다. 이러한 경우 투자자들이 그 누구보다 부지런히 발품을 팔아야지만 기대하는 만큼의 수익이 가능하다. 지식산업센터와 비슷한 분야로는 도시형 생활주택과 고시원 정도를 꼽을 수 있다. 사실 지금은 공급 증가와 비싸진 몸값 등으로 대표적인 수익투자 상품인 오피스텔이 예전과 같은 수익률을 내지 못하는 만큼 지식산업센터와 같은 틈새 상품으로 눈을 돌려도 좋은 시기다.

틈새인 만큼 아직은 많은 사람들이 시작하지 않은 상태인데다 센터 면적 대비 상가 비율이 10% 미만이어서 희소성이 높고 고정 수요를 갖고 있다는 장점이 있어 수익률 8% 정도는 가능하다. 물론 틈새 상품이라고 안정된 수익이 보장되는 것은 아니다. 투자대상으로 삼은 틈새 상품 주변에 유사 상품이 공급된다면 기대한 수익률을 포기해야 할 수 있다. 그래서 발품이 중요하다는 것이다. 주변에 유사상품 공급 계획은 관할 지방자치단체 등을 통해 꼼꼼히 확인하면 된다.

지금은 지식산업센터와 같은 틈새 상품으로 눈을 돌려도 좋은 시기다. 틈새인 만큼 아직은 많은 사람들이 시작하지 않은 상태다. 게다가 센터 면적 대비 상가 비율이 10% 미만이어서 희소성이 높고 고정 수요를 갖고 있다는 장점이 있어 수익률 8% 정도는 가능하다.

외면받던 낡은 상가로 황금알을 줍다

경기도 과천에 사는 H(64)씨는 경기도 군포에 있는 상가주택을 경매를 통해 3억 원에 낙찰받았다. 연면적은 297㎡로 편도 3차선 도로에 인접해 있다.

건축된 지 13년째인 이 건물 1층에는 1000만 원에 월세 60만 원을 내는 식당과 과일가게 그리고 미용실이 입점해 있었고 점포 한 개는 비어 있었다. 주변시세보다 월세가 한 10만 원 정도 저렴하지만 오래된 건물이다 보니 임차인들에게 주변시세만큼 요구하기가 조금 어려운 상황이었다.

그러다 6개월 정도 지난 시점에 반경 100m내에 신축상가 건물이 세워졌다. 월 임대료도 주변시세보다 50만 원 더 비싸게 받았지만 하루가 다르게 점포들이 채워지고 있었다.

계약이 한 달 정도 남은 미용실 사장은 H씨의 건물이 오래돼 손님이 잘 오지 않는 것 같다며 계약 만료 후 신축상가로 옮겨서 미용실을 새로 오픈하겠다고 했다.

결국 H씨는 1층을 리모델링하기로 결정을 했다. 도로에 접한 점포는 지금보다 더 늘리는 대신 나머지 공간은 둘로 나누는 등 건물의 배치도 변화를 줬다.

리모델링의 효과는 대만족이었다. 점포 보증금은 종전 1000만 원에서 2000만 원으로 높아지고 월세 역시 50만 원에서 100만 원으로 무려 50만 원이나 인상해도 나가는 임차인이 없었다. 리모델링에 투자한 비용과 높아진 임대수익을 비교해 보니 대략 1년 반 정도면 투자자금을 충분히 회수할 수 있다는 답이 나왔다.

임차인의 입장에서는 조금이라도 손님이 많은 위치를 선호하게 된다. 반면 투자자의 입장에서는 낮은 투자자금으로 높은 수익을 내고 싶어 한다.

양쪽의 입장을 바꿔도 마찬가지다. 특히 경기 불황이 찾아오는 시기에는 다른 무엇보다 상가 시장이 심각한 상황에 직면한다. 점포가 잘 되어야 임차인도 세를 올려줄 여력이 나오고 건물주에게도 높은 수익이 발생하는 것이다.

낡은 상가의 경우 더욱 그러하다. 이러한 경우 리모델링이 적합한 해결책이 될 수 있다. 상가투자시 가장 중요한 것은 저평가된 낡은 건물을 저렴하게 매입해 최소한의 비용을 들여 최대의 리모델링 효과를 보는 것이다.

임차인의 입장에서도 손님을 더 끌 수 있어 좋고 임대수익을 높이는 건물주 입장에서도 도움이 된다. 게다가 건물의 가치까지 상승시킨다는 것을 생각할 때 상가투자의 핵심 키워드 역할을 한다.

이러한 것이 바로 상가 재생사업이다. 상가 소유자들이 상가를 팔려고 해도 문제이고 소유해도 문제인 사면초가에 빠진 경우 상가 재생사업을 새로운 돌파구로 삼을 수 있다. 다시 말해 '누이 좋고 매부 좋다'는 것이 이 같은 경우다.

상가 리모델링에는 상가주택, 중소형 상가, 단지 내 상가, 근린상가, 테마상가 등에 따라 여러 가지가 있다.

리모델링을 할 때는 우선 상권을 제대로 분석한 후 이에 맞는 변화를 줘야 한다. 구체적으로 출근 시간이나 퇴근 시간, 지역의 업종과 주거형태, 분포 연령대와 가구수 등 기초적인 부분을 분석한 후 리모델링 계획을 세워야 한다.

일반적으로 상가를 매입하는 초기에 확실히 확인하고 넘어가는 것이 중요하다. 각종 설비는 물론 전기와 상하수도 또는 화재안전 여부 등 점검할 내용도 상당히 많다. 리모델링시에도 이러한 부분을 꼼꼼히 체크한 후 실행해야 안정적인 수익을 올리면서 건물의 가치까지 상승시킬수 있다.

주상복합 상가로 황금알을 줍다

서울 한남동에 사는 K(50)씨는 대치동에 위치한 주상복합아파트 건물 1층 66m²를 5억2000만 원에 매입했다. 주상복합과 오피스텔을 합해 약 300가구로 단지 규모가 제법 되는 편이었다. 게다가 입주자는 물론 인근 회사원들의 이동도 잦은 위치였다.

한 달 후 팬시점 업체가 매장으로 사용하고 싶다는 문의가 왔다. 그는 보증금 7000만 원에 월 350만 원의 임대료에 계약했다. 매매가도 꾸준히 상승해 현재 6억7000만 원선이다. 이에 따라 임대료 수익과 별도로 1억 5000만 원의 시세차익도 챙길 수 있는 상태다.

K씨가 이곳을 선택한 것은 서울 강남의 핵심 상권인 테헤란로와 인접해 있는데다 비교적 고정적인 상권이 형성돼 있다는 분석에 기인하고 있다.

실제 강남은 물론 분당이나 일산 등 과거 대표적인 신도시였던 곳들도 주상복합아파트가 새로운 도시주거 형태로 자리 잡은지 오래다.

규모가 큰 경우 입주자들 입장에서는 주거와 쇼핑 등을 동시에 해결할 수 있다. 상가에 입점한 점포주 입장에서도 일정부분 고정적인 상권 형성이 돼 있다는 유리한 부분이 있다. 요즈음 유행하는 음식으로 친다면 '퓨전'이라는 표현이 적당할 것 같다.

도심에 주상복합아파트가 세워지면 주변에도 각종 편의시설이나 상권이 자연적으로 형성되기도 한다. 주변의 자연스런 상권 형성이 갖춰지면 유동인구도 흡수할 수 있어 자연적으로 매매가도 상승한다. 그렇기 때문에 주거지로 생각할 경우 대규모 단지가 더 유리하다.

하지만 이 점을 간과한 실패 사례도 있다. 가구점을 운영하는 N(51)씨는 경기도 구리에 있는 주상복합아파트 건물 1층 69.3㎡을 매입했다. 분양가가 4억2000만 원이었지만 급매를 통해 3억6000만 원에 매입해 6000만 원을 아낀 격이다.

그러나 음식점을 오픈한 후 갈수록 실망했다. 가격이 싸게 나온 매물이란 점만 신경 썼지 해당 건물에 입주해 있는 세대수를 제대로 파악하지 못한 것이다.

N씨가 매입한 주상복합아파트 세대는 총 80가구 정도 규모였다. 작은 규모로 인해 주변 상권도 제대로 형성이 되지 않아 인근 재래시장도 파리만 날리고 있었다.

게다가 목이 좋은 곳에 위치한 식당의 임대료도 100만 원 남짓 할 정도였고 권리금도 없다는 것을 알았다. 앞뒤 따지지 않고 분양가보다 저렴하게 나왔다는 사실에 일단 지르고 본 것이다.

입주 후 5개월간 관리비만 내다가 겨우 국수전문점을 입점시켰다. 보증금 1500만 원에 월세 60만 원에 계약했다.

3개월 정도 지나니 사실 월세를 더 내려받아야 할 정도로 세입자에게 조금 미안하다는 마음까지 생겼다. 그러면서도 한편으론 인근 부동산에

278

매매 의뢰를 해놨지만 2억 원에도 선뜻 매매하겠다는 사람이 나타나지 않고 있다. 분양가는 물론 그가 매입한 금액보다도 1억6000만 원이나 손해를 본 것이다.

주상복합상가에 투자할 때는 단지 가구수를 고려해야 한다. 주변 상권과 연계가 가능하다는 선에서 일단 300가구 이상은 되어야 한다.

배후상권도 고려해야 하며 주변의 상가공급량도 확인할 필요가 있다. 무엇보다 주 동선을 파악하는 것이 중요하다. 주변시세에 민감할 필요는 없다. 중요한 의미를 갖지 않기 때문이다.

수익 가능 공동투자로 황금알을 줍다

서울 방배동에 사는 전업주부 S(42)씨는 주변에서 부동산 투자로 짭짤한 수익을 올리고 있는 경우를 볼 때마다 자신도 꼭 한 번 해 보고 싶다는 생각을 했다.

전업주부라 시간적인 구애를 크게 받지 않고 인터넷 강의와 부동산 투자 관련 카페를 통해 틈틈이 공부하며 꿈을 키워갔다.

그녀는 여러 가지 수익형 부동산 모델 중 지방의 소형 아파트와 상가에 유독 관심이 많았다. 그러나 자신이 갖고 있는 투자자금을 생각하면 이래저래 고민이 됐다.

지방의 소형 아파트라면 현재의 투자자금으로 충분히 투자할 수 있는 여력이 있지만 지방을 오가며 매물을 자세히 살피기에는 힘들다고 생각했다. 그렇다고 상가에 투자하자니 투자자금이 부족했다.

그러던 중 S씨는 자신과 같은 전업주부인 친구 L씨와 함께 공동투자를 생각해 냈다. 투자자금을 합해 투자할 곳을 찾다보니 일단 지방보다 서울권 내에 있는 상가가 사정권에 들어왔다.

S씨가 확보하고 있는 투자금은 5억 원 정도였고 L씨는 3억 원 수준이

었다. 두 사람은 오랜 실사 끝에 12억 원에 나온 서울 신당동에 있는 5층짜리 상가건물을 매입했다. 매입대금은 S씨와 L씨의 투자자금을 합한 8억 원과 두 사람의 은행대출 4억 원으로 해결했다.

상가 매입 후 점포주들과 합의해 월 임대료를 1년간 낮춰주는 조건으로 리모델링을 시도했다. 상가 매입에 투자한 터라 자본이 거의 바닥났기 때문에 입점해 있는 점포주와 비용을 일정부분 함께 부담했다.

2년 후 상가 1층은 커피프랜차이즈 매장이 들어서 리모델링을 자신들의 비용으로 다시 했다. S씨는 이 타이밍을 놓치지 않고 외벽 타일을 교체하는 정도의 손을 더 봤다.

3개월 후 인근 부동산에서 매입하고자 하는 투자자가 여러 명 있다며 문의 전화를 했다. 건물시세도 18억 원을 넘겼다. 이때는 그녀가 상가를 매입한 지 채 3년도 안 지난 시점이었다.

수익형 투자에 많은 관심을 갖고 있지만 때로는 투자자금이 부족해 눈을 다른 곳으로 돌리거나 좋은 매물이 나와도 포기하는 경우가 많다. 수익성이 좋은 상가의 경우 몸값이 너무 비싸 개인이 소액으로 투자하기 벅찬 것도 공동투자가 선호되는 이유다.

이 같은 경우 공동투자를 생각해 볼 만하다. 공동투자의 장점은 일단 투자 위험을 분산하거나 재산세 또는 종부세가 개인별 합산과세되기 때문에 부담을 줄일 수 있다. 특히 매입한 상가를 처분할 경우 양도차익이 분산돼 양도세를 절감하기도 한다.

공동투자자의 관계 가운데 가장 많은 것은 역시 믿을 수 있는 가족이나 친척 정도가 적합하다. 물론 오랜 친구나 직장 동료도 있지만 관계를 명확히 하지 않으면 나중에 금전적인 문제로 심각한 사이로 가는 사례가 적지 않다.

물론 투자대비 수익성에 대한 관계정리만 확실히 한다면 아무런 문제가 되지 않는다. 등기는 공동명의로, 임대수익금이나 관리비 여부, 매도시기 정도는 공증을 거쳐 나중에 문제의 소지가 발생되지 않게끔 해야 한다.

공동투자의 장점은 일단 투자 위험을 분산하거나 재산세 또는 종부세가 개인별 합산과세되기 때문에 부담을 줄일 수 있다. 특히 매입한 상가를 처분할 경우 양도차익이 분산돼 양도세를 절감하기도 한다. 게다가 조금만 고치면 알토란 같은 수익을 챙길 수 있다.

편의시설 입점으로 황금알을 줍다

경기도 구리에 사는 C(54)씨는 경매를 통해 구시가지에 있는 종합상가 한 개 층을 낙찰받았다. 그가 낙찰받은 건물은 근린상가로 뒤로는 4차선 도로 건너 대단지 아파트가 들어서 있고 앞으로는 오래된 주택가들이 있어 점포를 하더라도 단지 내 상가로 쓰기에도 적당한 건물이었다.

면적은 36.3m²짜리로 최초 감정가 3억5000만 원이었다. 그러나 1회 유찰로 30% 하락한 2억 4500만 원에 입찰이 열릴 예정이었다.

C씨는 이곳에 대해 권리분석을 한 결과 별다른 이상이 없어 입찰에 참여했다. 구시가지 근린상가라 별다른 경쟁자도 없었다. 단독 입찰을 통해 2억2000만 원 정도에 최종 낙찰을 받았고 세금까지 포함해 2억5000만 원이 조금 안 들어갔다.

생각보다 낮은 금액에 상가를 낙찰받은 그는 이웃이 된 1층 호프집에서 목도 축일 겸 생맥주 한잔을 마시고 싶었다. 이른 초저녁이라 사람이 많지 않았지만 중년으로 보이는 남자 2명이 맞은편 자리에서 맥주잔을 기울이고 있었다. 주문한 맥주가 나오길 잠시 기다리던 중 중년 남성들이 하는 얘기에 귀가 솔깃하게 됐다.

그들 중 한 남자 얘기로는 주변에 은행이 없는 관계로 상가 입주 상인이나 주민들이 불편해했는데 조금 있으면 A은행이 입점할 것이라는 얘기였다. 그동안 마을버스를 타고 여러 정거장을 가야 은행 일을 볼 수 있었지만 앞으로는 이곳에서 해결할 수 있게 됐다는 것이다.

혹시나 한 C씨는 해당 은행에 전화를 걸어 동네 주민인데 변변한 현금인출기가 없어 불편하다며 혹시 입점 계획이 있는지 여부를 확인했다. 잠시 전화기 건너에서 직원끼리 몇 마디 하는 소리가 들리더니 이내 3개월 정도 후에 은행이나 현금인출기가 입점하게 될 것 같다는 얘길 들었다.

그리고 나서 한 달 후 A은행 관계자로부터 그가 낙찰받은 상가에 현금자동인출기를 설치할 생각인데 매매하거나 임대할 생각이 있는지 문의하는 전화가 왔다.

일단 바로 확답을 미루자 며칠 후 은행관계자로부터 직접 만나자는 연락이 왔다. 그 후 몇 번의 협상이 오가고 C씨의 상가는 3억2000만 원의 금액에 은행으로 팔렸다. 명도 문제도 완벽하게 해결해 준다는 약속을 받았다.

C씨에게 소중한 정보를 준 세탁소 주인은 이사비 몇 백만 원을 제시하자 한 달 뒤 상가를 비워줬다. 우연찮게 전해들은 정보로 그는 불과 3개월 만에 7000만 원의 시세차익을 남겼다.

부동산 매입에서 무엇보다 중요한 것은 정보다. 부자들은 이러한 정보를 발굴하고 찾아다니는데 가장 많은 투자를 한다고 해도 과언이 아니다.

만약 부자가 아니라면 발품을 팔아서라도 자신이 투자를 원하는 지역이나 매물에 대한 정보를 최대한 수집하고 이용해야 한다. 조금 과장된 표현을 쓴다면 '대박'과 '쪽박'의 차이는 바로 종이 한 장에 옮겨도 몇 줄도 안 되어 보이는 정보에 따라 좌우될 수 있다.

C씨의 경우 우연히 들은 정보로 단기간에 시세차익을 본 운이 따른 케이스지만 정보를 미리 알고 대처했기 때문에 편한 마음으로 안정적인 수익을 거둘 수 있었다.

구분상가에 투자해 황금알을 줍다

무역회사를 운영하는 H(52)씨는 젊었을 때부터 제법 많은 돈을 모았다. 나이 50세가 될 때까지 회사가 안정권에 접어들면 상가 투자를 해 보겠다는 꿈을 갖고 있었다.

한 달에 한 번 같은 업종에 종사하는 회사 대표자들 모임을 운영하면서 자신과 같은 생각을 하고 있는 동반자(?)들이 제법 있다는 사실을 알게 됐다.

그는 종종 그들과 함께 등산이나 골프를 다녔다. 그리고 지나는 동선마다 제법 투자가치가 있어 보이는 상가를 하나 둘 유심히 살피는 일을 꾸준히 해오며 상가투자에 대한 공부도 틈틈이 했다.

50세가 되던 해 그동안 유심히 봐뒀던 상가가 매물로 나온 것을 알게 됐다. 대로변에 위치한 중형급 상가였다. 수익성은 그리 커 보이지 않은 것 같지만 처음 시작하는 상가투자라 크게 무리하지 않는 선에서 한두 개 층을 매입해 볼 심산이었다.

H씨는 매입을 결심하고 매물을 소개하는 부동산중개업자를 만나 해당 상가를 더 자세히 살피러 갔다. 문을 연 지 2년이 조금 지난 10층짜리

건물로 1층부터 식당과 학원, 병원, 미용실 그리고 수영장을 낀 스포츠
센터 등이 입주해 있었다.

3개월 후면 9~10층에 영화관도 입주할 예정이었다. 상가 내 유동인구
도 괜찮아 보였고 입주해 있는 점포들도 장사가 잘 되고 있는 것 같았다.

함께 둘러보며 이것저것 설명을 하던 중개업자는 이곳 외에도 비슷한
조건의 다른 물건도 소개했다. 주로 환금성이나 임대수익률이 좋은 단
독건물이었다.

일단 생각해 보겠다고 집으로 돌아온 후 상가투자를 고려하고 있는
지인들에게도 조언을 구해봤다. 지인들도 중개업자와 비슷한 생각을 했
다. 같은 금액대 투자면 차후 되파는 것까지 고려해 단독건물이 안전하
다는 이유에서다.

그런데 H씨의 생각은 조금 달랐다. 유동인구도 많은 편인데다 3개월
후면 영화관도 들어온다는 점에 젊은 층의 수요가 더 늘어날 것이라고
판단했기 때문이다.

주변의 추천대로 단독건물이 이래저래 나을 수도 있겠지만 그보다 이
곳 1층을 매입해 젊은 층이 즐겨 찾는 패스트푸드나 음식점을 차리는 게
더 나을 것 같다고 생각했다.

그는 얼마 후 상가 1층을 17억 원에 분양받았다. 그리고 1층 전체를 패
스트푸드로 꾸미고 자신이 직접 운영하고 있다. H씨는 현재 이곳에서
월 평균 1억~1억2000만 원의 매출을 올리고 있다.

중대형급 부동산에 투자할 경우 대부분의 사람들은 단독 건물에 투자
하는 것을 지향한다. 수익성도 그렇지만 환금성에다 외관을 보고 투자
를 고려하는 사람들이 많은 편이기 때문이다. 하지만 구분상가이어도

황금 상권 또는 기존 상권이라도 잘 운영될 경우 연 10%의 수익을 올리는 사례가 많다.

이러한 경우 금액이 크면 클수록 단독건물과 구분(지분)건물을 놓고 망설이기 쉽지 않다.

이때 수익성을 고려한다면 응당 목 좋은 구분 부동산을 추천해 주고 싶다. 최근 투자의 흐름이 실속을 갖춘 수익성 투자흐름으로 바뀌고 있는 것도 그렇지만 작고 실속 있는 부동산이 바로 돈이 되기 때문이다.